全国技工院校公共课教材

化　　学

（第六版）

贺红举　主编

中国劳动社会保障出版社

图书在版编目（CIP）数据

化学 / 贺红举主编 . -- 6 版 . -- 北京：中国劳动社会保障出版社，2022

ISBN 978-7-5167-5288-3

Ⅰ. ①化…　Ⅱ. ①贺…　Ⅲ. ①化学课 – 中等专业学校 – 教材　Ⅳ. ①G634.81

中国版本图书馆 CIP 数据核字（2022）第 045143 号

中国劳动社会保障出版社出版发行

（北京市惠新东街 1 号　邮政编码：100029）

*

北京市科星印刷有限责任公司印刷装订　　新华书店经销

787 毫米 ×1092 毫米　16 开本　11 印张　170 千字

2022 年 6 月第 6 版　　2022 年 8 月第 3 次印刷

定价：24.00 元

读者服务部电话：（010）64929211/84209101/64921644

营销中心电话：（010）64962347

出版社网址：http://www.class.com.cn

http://jg.class.com.cn

前 言

化学是在原子、分子水平上研究物质的组成、结构、性质、转化及其应用的一门基础学科，其特征是从微观层次认识物质，以符号形式描述物质，在不同层面创造物质。化学是材料、生命、环境、能源和信息等现代科学技术发展的重要基础，在促进人类文明可持续发展中发挥着十分重要的作用。

化学课是技工院校化工类、农业类、轻工类、医药类等相关专业学生的必修课程，对帮助学生打下学习化学、化工类专业课程的坚实基础、促进学生职业生涯发展和适应现代社会生活起着重要的作用。

参考《化学》（第五版）使用期间，各地技工院校提出的建议，为了更好地适应技工教育改革趋势，融入劳模精神、劳动精神、工匠精神等时代精神，我们对《化学》（第五版）进行修订，形成本书。具体修订思路如下：

1．继续深化技工教育改革，加强化学课与专业课程的联系，使之更加贴近后续专业学习的需求。

适当扩展和调整个别章节教学内容，拓宽对各类专业的支持。例如：第 2 章化学基本量及其计算增加了溶液浓度的表示方法及计算；将金属的腐蚀与防护一节从第 6 章重要的金属及其化合物调整到第 4 章电解质溶液；第 5 章及第 6 章关于元素及其化合物的内容也进行了重组，更好地衔接专业基础课和专业课的学习。

2．突出以人为本的时代精神，培养环境保护意识，倡导健康生活。本书介绍了大气、水污染和塑料制品白色污染及其防治，并专门论述了放射污染和非法食品添加剂的危害，使学生树立对环境、对子孙后代的责任意识，以及针对各种污染和食品安全问题的自我保护意识。

3．强调理论与实际的联系，培养探索科学技术的兴趣和实证精神，激发学习主动性。本书以阅读材料的形式，介绍了石油、煤炭等工业，强调化学原理对生产的指导作用，使学生明确学以致用的努力方向；还增加了课内实验数量，供课堂演示或学生动手操作之用，从而构建探索和验证理论的平台。

4. 延续第五版特色，遵从认知规律，由浅入深，循序渐进介绍知识。本次修订对这一特色进一步强化，全面体现分层次教学的思想：

本书将课程内容划分为必修内容和选修内容，选修内容在目录和内文中章节标题前标有“*”，以便广大读者选择。

此外，本书还配有习题册、实验指导书、教学参考书等教学资源。

本书在编写过程中得到了河南、江苏、福建等省人力资源和社会保障厅及有关学校的支持和帮助，在此一并表示谢意！

本书由贺红举主编，张伟松副主编，王振峰、王艺锟参编。

编者

2022 年 3 月

目 录

Contents

绪　言

化学
——物质的世界

一、物质的世界

世界上的一切，从人们日常衣、食、住、行所需的生活用品到工农业生产的生产资料和产品，从肉眼难以观察到的各种微生物到树木花草、飞禽走兽，从地球上的山川河海到茫茫宇宙中的太阳、月亮和其他星球，都是由物质构成的。

由一种分子组成的物质称为**纯净物**；由两种或两种以上分子组成的物质称为**混合物**。混合物中最常见的是**分散系**。

纯净物当中，由同种元素组成的、再也不能发生分解反应的物质称为**单质**；由几种不同的元素化合而成的物质，称为**化合物**。

各种物质的分类见表 0-1。

小资料：自然界中物质之最
最轻的气体——氢气；
最轻的金属——锂；
最重的物质——锇；
熔点最低的金属——汞；
熔点最高的金属——钨；
最硬的物质——金刚石。

表 0-1　　物质的分类

<table>
<tr><th colspan="12">物质</th></tr>
<tr><th colspan="9">纯净物</th><th colspan="3">混合物</th></tr>
<tr><th colspan="2">单质</th><th colspan="7">化合物</th><th rowspan="3">溶液</th><th rowspan="3">胶体</th><th rowspan="3">粗分散系</th></tr>
<tr><th rowspan="2">金属</th><th rowspan="2">非金属</th><th colspan="4">无机物</th><th colspan="3">有机物</th></tr>
<tr><th>酸</th><th>碱</th><th>盐</th><th>氧化物</th><th>烃</th><th>烃的衍生物</th><th>高分子化合物</th></tr>
</table>

二、不断变化的物质

自然界的物质时时刻刻都在发生着变化。自人类学会创造和使用工具后，物质的变化就更迅速更广泛了。

自然界中的物质发生的这些变化，可以分为两类：一类是物质的组成、性质、特征都改变的，称为**化学变化**；另一类是在变化中没有新的物质生成，仅仅改变它的形态的，称为**物理变化**。

以石油化工为例（图 0-1）：

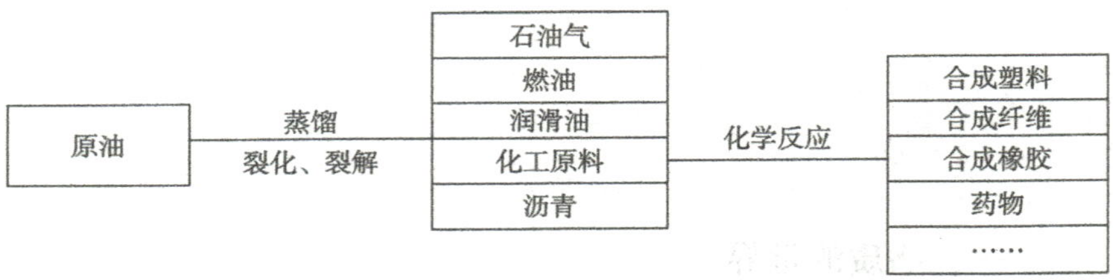

图 0-1　石油化工产品

由图 0-1 可看出，石油化工的生产过程包含物理变化和化学变化。石油化工为我们的衣食住行提供了丰富的物质资料，使生活变得更加便捷和多姿多彩。

同时我们也应该看到，人类在利用化学变化为自己造福的同时，也带来了不少的问题。比如，塑料袋使用起来很方便，但它们往往难以自然分解，而人工处理塑料垃圾的方法通常会造成环境污染。再如，不法分子在食品中非法使用化学物质，给人们的食品安全带来一定的危害。

因此，我们学习化学的目的是，研究如何更好、更有效地控制化学变化，在利用其创造财富、改善生活的同时，减少有害的副产物或废物的排放，降低不利影响。

三、化学发展与物质生产

化学成为一门独立学科的时间虽然不长，但早在史前时期就有应用。化学的发展经历了古代、近代和现代三个不同的时期。

化学早期的成就包括铜、铁等金属以及合金的冶炼，酒的酿造，陶瓷的烧制等，煤、石油、天然气等化石燃料的开采利用，而中华民族四大发明中的造纸术、火药，是中国古代劳动人民长期经验的积累和智慧的结晶，是世界人类文明史上杰出的发明创造，对人类社会的进步发挥了极其重要的作用；药物化学的兴起和冶金化学的广泛探究，则为近代化学的诞生和发展奠定了良好的基础。

如今，化学与材料、能源、环境、生物等学科之间的关系越来越密切（图 0-2），并已经成为这些学科的基础之一。这些学科与工业生产紧密关联，它们的发展又对化学的发展起到了重要的促进作用。化学及相关学科的进步正不断改变着世界，使我们的生活越来越美好。

化学		
化学	材料	传统材料：金属材料、非金属材料、高分子材料
		新型材料：结构材料、信息材料、功能材料、纳米材料
	能源	常规能源：化石能源等
		新型能源：太阳能、核能等
	环境	污染控制：大气、土壤、水资源等污染控制
		环保材料：高效、低毒、低残留、易降解的材料
	生物	探索生命奥秘：基因工程、微量元素的生理作用
		营养与健康：均衡的营养、新型的药物

图 0-2　化学与相关学科

第1章 原子和分子

在初中化学中我们已经学过氢、氧、氮、氯、硫、钠、钾、铁、铜、锌等很多元素的单质和它们的一些化合物，学习了一些有关原子结构的知识，初步了解了元素的性质与元素原子的核外电子层排布有着密切的关系；认识了一些离子化合物和共价化合物，并了解了它们的形成过程和实质。本章将进一步学习原子结构、元素周期律和元素周期表、化学键和分子的极性。

学习目标：

1. 能简单阐述质量数、质子数与中子数之间的关系，理解原子的表示方法和同位素的概念，了解同位素的应用；

2. 能简单阐述原子序数的概念以及原子序数、核电荷数、核内质子数、核外电子数之间的关系；

3. 理解原子结构示意图；

4. 了解元素周期表的结构和元素周期律；

5. 能简单阐述化学键可以分为离子键、共价键和金属键；

6. 能简单阐述分子的极性与分子间作用力；

7. 了解放射物品的种类和性质与放射性指标，指出放射性物质的来源及对人体的危害。

1.1 原子结构 核外电子排布

一、原子的组成和同位素

1. 原子核的组成

我们已经知道，原子是由位于原子中心带正电荷的原子核和核外带负电荷的电子构成的，原子很小，而原子核更小，其体积只占原子体积的几千万亿分之一。

原子核一般由质子和中子两种粒子构成，1 个质子带 1 个单位正电荷，中子不带电，原子核的核电荷数是由质子数决定的。通常情况下原子显电中性，是因为核外有带负电荷的电子存在，1 个电子带 1 个单位的负电荷，因此：

核电荷数（Z）= 核内质子数（Z）= 核外电子数（E）

构成原子的质子、中子、电子都具有一定的质量，但绝对质量太小，一般用相对质量表示。

$$相对质量 = \frac{粒子的质量}{一个\ ^{12}C\ 原子质量的\ 1/12}$$

质子、中子、电子的质量和相对质量见表 1-1。

如果把原子看成一个半径为 100 m 的球体，原子核只相当于一个半径为 2.5 mm 的球体。

氢的原子核是最简单的原子核，仅由1个质子构成。

^{12}C 原子是指一种原子核内有 6 个质子和 6 个中子的碳原子，叫作碳12。

表 1-1　构成原子的粒子的相对质量

构成原子的粒子	原子核		电子
	质子	中子	
电性和电量	1 个质子带 1 个单位正电荷	不带电	1 个电子带 1 个单位负电荷
质量 /kg	1.673×10^{-27}	1.675×10^{-27}	9.109×10^{-31}
相对质量	1.007	1.008	1/1 838

在原子中，电子的质量很小，原子的质量集中在原子核上。质子和中子的相对质量都近似为 1，如果忽略电子的质量，而将原子核内的所有质子和中子的相对质量取近似整数值相加所得的数值，称为**质量数**，用符号 A 表示。质子数用符号 Z 表示，中子数用符号 N 表示，则：

质量数（A）= 质子数（Z）+ 中子数（N）

【例 1-1-1】 已知某氯原子的核电荷数为 17，质量数为 35，则该氯原子的中子数为多少？

解：已知 A=35，Z=17

则中子数 $N=A-Z=35-17=18$

答：该氯原子的中子数为 18。

2. 原子的表示方法

通常以 ${}^{A}_{Z}X$ 代表一个质量数为 A，质子数为 Z 的原子。组成原子的粒子间的关系可以表示为：

$$\text{原子}\ {}^{A}_{Z}X\begin{cases}\text{原子核}\begin{cases}\text{质子}\ Z\\ \text{中子}\ N=A-Z\end{cases}\\ \text{核外电子}\ (E=Z)\end{cases}$$

由于原子中的质子数是确定的，原子有时可以简化为 ${}^{A}X$，如 ${}^{12}C$，${}^{35}Cl$ 等。

3. 同位素

我们把具有相同核电荷数（即质子数）的同一类原子总称为**元素**。同一元素的不同原子质量数不同，是由于原子核内的中子数不同。人们把具有相同质子数和不同中子数的原子互称为**同位素**。

如氢元素的原子核内都含有 1 个质子，但不同的原子内含有的中子数不同（表 1-2）。

氕音piē，氘音dāo，氚音chuān

表 1-2　氢元素的三种原子的构成

名称	符号	俗称	质子数	中子数	电子数	质量数
氕	${}^{1}_{1}H$ 或 H	氢	1	0	1	1
氘	${}^{2}_{1}H$ 或 D	重氢	1	1	1	2
氚	${}^{3}_{1}H$ 或 T	超重氢	1	2	1	3

目前已知，绝大多数的元素都有同位素，同位素有的是天然存在的，有的是人工制造的，有的具有放射性，有的没有放射性。已经发现的自然界存在的各种元素的同位素有三百多种，而人造同位素达两千多种。

如氧元素的同位素有 ${}^{16}_{8}O$、${}^{17}_{8}O$ 和 ${}^{18}_{8}O$；碳元素的同位素有 ${}^{12}_{6}C$、${}^{13}_{6}C$ 和 ${}^{14}_{6}C$ 等；铀元素的同位素有 ${}^{234}_{92}U$、${}^{235}_{92}U$ 和 ${}^{238}_{92}U$ 等。

同位素在工农业生产和科学研究中广泛用作示踪原子或辐射源。用作示踪原子可辅助研究化学反应过程、生物代谢途径；用作辐射源可进行金属制品无损探伤，可抑制植物块茎发芽，以延长其保鲜期，也可照射肿瘤治疗癌症。

二、核外电子排布的初步知识

1. 电子层

电子是带有负电荷的质量很小、体积很小的微粒，在原子核外直径约为 10^{-10} m 的极小空间内绕核以极高速率（$>10^6$ m/s）运动，它的运动规律与常见的宏观物体不同，没有确定的轨道，无法准确测出电子在某一瞬间的位置和速度，也不能描绘出它们的运动轨迹。

按照现代物质结构学说，在有多个电子的原子中，各电子的能量是不同的，能量低的电子通常在离核近的区域内运动，能量高的电子在离核远的区域内运动。这些离核距离远近不等的电子运动区域，叫作**电子层**。把离核最近、能量最低的叫第一电子层，离核稍远、能量稍高的叫第二层，由里向外依次类推。

电子层的编号有两种方法，用数字 n 表示和用字母表示，其对应关系以及各层电子的能量变化如下：

电子层数 n：1　2　3　4　5　6　7……

对应符号：K　L　M　N　O　P　Q……

电子的能量：电子离核由近到远，电子的能量由低到高。

这样，电子就可以看成是在能量不同的电子层上运动，目前已知最复杂的原子，其电子层不超过 7 层。

2. 原子核外电子的分层排布

核外电子的分层排布是有一定的规律的：电子总是尽先排布在能量最低的电子层里，然后再由里向外，依次排布在能量逐步升高的电子层里，这个规律叫作**能量最低原理**。

我们以稀有气体元素原子电子层排布的情况来说明核外电子的分层排布规律（表 1-3）。

表 1-3　稀有气体元素原子的电子层排布

核电荷数	元素名称	元素符号	各电子层的电子数					
			K	L	M	N	O	P
2	氦	He	2					
10	氖	Ne	2	8				
18	氩	Ar	2	8	8			
36	氪	Kr	2	8	18	8		
54	氙	Xe	2	8	18	18	8	
86	氡	Rn	2	8	18	32	18	8

从表 1-3 中可以看出如下规律：

（1）K 层（n=1）最多为 2 个电子、L 层（n=2）最多为 8 个电子、M 层（n=3）最多为 18 个电子、N 层（n=4）最多为 32 个电子，即各电子层最多能够容纳的电子数为 $2n^2$ 个。

（2）最外层最多为 8 个电子，次外层最多为 18 个电子。

（3）由于稀有气体原子电子层排布的结构相对稳定，稀有气体的化学性质稳定。

依据上述规律，可以将核电荷数为 1～20 的元素的原子核外电子分层排布的情况列出来（表 1-4）。

表 1-4　核电荷数为 1～20 的元素的原子核外电子分层排布

核电荷数	元素名称	元素符号	各电子层电子数				
			K	L	M	N	O
1	氢	H	1				
2	氦	He	2				
3	锂	Li	2	1			
4	铍	Be	2	2			
5	硼	B	2	3			
6	碳	C	2	4			
7	氮	N	2	5			
8	氧	O	2	6			
9	氟	F	2	7			
10	氖	Ne	2	8			
11	钠	Na	2	8	1		
12	镁	Mg	2	8	2		
13	铝	Al	2	8	3		
14	硅	Si	2	8	4		
15	磷	P	2	8	5		
16	硫	S	2	8	6		
17	氯	Cl	2	8	7		
18	氩	Ar	2	8	8		
19	钾	K	2	8	8	1	
20	钙	Ca	2	8	8	2	

了解原子的核电荷数和电子层排布后，可以画出原子结构示意图，如图 1-1 所示。

a）钠原子　　b）氯原子

图 1-1　钠原子和氯原子的原子结构示意图

圆圈表示原子核，“+”表示原子核带有正电荷，数字表示核内质子数，弧线表示电子层，弧线上面的数字表示该层的电子数。

课后练习

1. 填写下表。

原子	质子数	中子数	电子数
$^{14}_{7}N$			
	17	20	
$^{52}_{24}Cr$			
		12	12

2. 某 −1 价阴离子的核外电子排布与氩相同，其两种同位素的质量数分别为 35 和 37，试回答：

（1）该元素的核电荷数是多少？写出其原子结构示意图。

（2）写出该元素两种同位素的质子数、中子数、电子数。

3. 试写出适合下列条件的各元素的名称。

（1）一种原子的原子核内没有中子的元素__________；

（2）原子核外只有两个电子层，两层电子数相等的元素__________；

（3）原子核外有三个电子层，第一、第三两层电子数相等的元素__________；

（4）第三电子层有 6 个电子的元素__________。

阅读材料

原子结构模型的发展

原子内部的结构人们无法直接观察到，科学家根据自己的认识提出原子结构模型，是对原子结构的形象描摹。一种模型代表了人类对原子结构认识的一个阶段，人类认识原子的历史既是漫长的，也是无止境的。下面介绍的几种原子结构模型简明形象地表示出人类对于原子结构认识逐步深化的演变过程。

德谟克利特提出原子（公元前 5 世纪）：万物都是由极小的不可分割的微粒结合起来的，这个微粒叫作“原子”，即不可再分的原始粒子。

道尔顿实心球体模型（1803 年）：原子是组成物质的基本的粒子，它们是坚实的、不可再分的实心球。

汤姆生葡萄干布丁模型（1904 年）：原子是一个平均分布着正电荷的粒子，其中镶嵌着许多电子，中和了正电荷，从而形成中性原子。

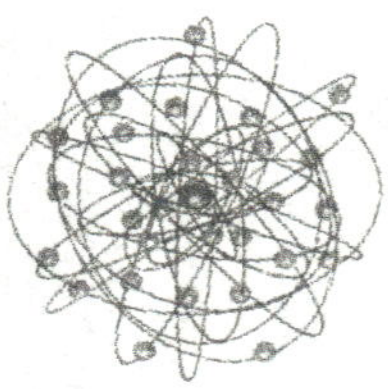

图 1-2　卢瑟福行星模型

卢瑟福行星模型（1911 年）：在原子的中心有一个带正电荷的核，它的质量几乎等于原子的全部质量，电子在它的周围沿着不同的轨道运转，就像行星绕着太阳运转一样，如图 1-2 所示。

玻尔恒星行星模型（1913 年）：电子在原子核外空间的一定轨道上绕核做高速的圆周运动。

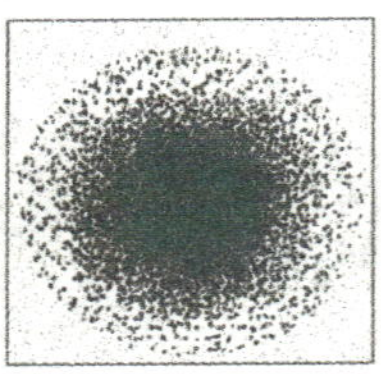

图 1-3　氢原子的电子云模型

电子云模型（1927—1935 年）：现代物质结构学说。电子绕核运动形成一个带负电荷的云团（图 1-3），对于具有波粒二象性的微观粒子在一个确定时刻其空间坐标与动量不能同时测准，这是德国物理学家海森堡在 1927 年提出的著名的测不准原理。

核外电子分层运动，即分层排布。能量低的电子离核近，能量高的电子离核远，能量相近的在同区域（同层）运动。电子没有固定的轨迹，只能用电子云来描述，点密的区域出现的概率高，点疏的区域出现的概率低。

随着现代科学技术的发展，科学家已能利用电子显微镜和扫描隧道显微镜摄制显示原子图像的照片，人类对于原子的认识过程还会不断深化。

1.2　元素周期表和元素周期律

为了研究的方便，将目前已经发现的元素按核电荷数由小到大的顺序给元素编号，这种编号称为**原子序数**。很显然，原子序数在数值上等于原子的核电荷数。

原子序数＝核电荷数＝核内质子数＝核外电子数

对于元素原子的核外电子排布的研究发现，每隔一定数目的元素，原子最外层电子数会重复出现 1 个递增到 8 个的情况，即随着原子序数的递增，元素原子最外层电子数呈现周期性的变化。

把目前发现的一百多种元素中电子层数相同的各种元素，按原子序数递增的顺序从左向右排成横行，再把不同横行中最外层电子数相同的元素按电子层数递增的顺序由上而下排成纵列，这样得到的一个表，称为元素周期表。

元素周期表的种类很多，本书介绍的是一种常用的周期表。

元素周期表是由俄国化学家门捷列夫，最早于 1869 年编制的。

一、元素周期表的结构

周期	ⅠA	ⅡA	ⅢB	ⅣB	ⅤB	ⅥB	ⅦB	Ⅷ	ⅠB	ⅡB	ⅢA	ⅣA	ⅤA	ⅥA	ⅦA	0
一																
二																
三																
四																
五																
六																
七																

镧系元素															
锕系元素															

俄国化学家门捷列夫（1834—1907）

1. 周期

具有相同的电子层数的元素，按原子序数递增的顺序从左向右排列成的一个横行称为一个**周期**。已经发现的元素核外最多有 7 个电子层，所以一共有 7 个周期。

周期的序数 = 元素原子具有的电子层数

各周期里元素的数目并不相同，第一周期只有两种元素（氢和氦），第二、第三周期各有 8 种元素，第四、第五周期各有 18 种元素，第六、第七周期各有 32 种元素。因此，通常将第一到第三周期称为短周期，第四到第七周期称为长周期。

2. 族

族分为主族（A 族）和副族（B 族）。周期表里有 18 个纵列，除第 8、9、10 三个纵列合称为第Ⅷ族外，其余 15 个纵列，每一个纵列标作一族。由短周期元素和长周期元素共同构成的族，称为**主族**；完全由长周期元素组成的族，称为**副族**。

主族元素在族序数（习惯用罗马数字表示）后面标一个A字，如ⅠA、ⅡA……ⅦA；副族元素在族序数后面标一个B字，如ⅠB、ⅡB……ⅦB。稀有气体元素的化学性质非常不活泼，通常状况下难以与其他物质发生化学反应，把它们的化合价看成是0价，因而叫作0族（有时也称ⅧA族）。

主族元素的核外电子排布时最后的电子排在最外层，因此将它们排在周期表的两端。而副族元素的核外电子排布时最后的电子一般排在次外层，7个副族元素和第Ⅷ族元素位于周期表的中部，处于ⅠA、ⅡA与ⅢA～ⅦA两部分主族元素之间，又称为过渡元素。过渡元素都是金属。

主族元素的族序数＝元素原子最外层电子数

3. 镧系和锕系元素

第六周期中从57号元素镧（La）到71号元素镥（Lu），这15种元素的性质非常相似，称为镧系元素。

第七周期中从89号元素锕（Ac）到103号元素铹（Lr），这15种元素的性质也非常相似，称为锕系元素。

镧系和锕系元素核外电子排布时最后的电子排在倒数第三层，为了使表的结构紧凑，将镧系和锕系元素分别放在元素周期表的同一格中，并按照原子序数递增的顺序单独列在表的下方。

镧系元素为主要的稀土元素，我国的稀土存储量和种类在世界上都处于领先地位。

锕系元素中铀后面的元素都是人工合成的元素，叫作超铀元素。锕系元素都具有放射性。

二、元素周期律

随着原子序数的递增，元素原子的核外电子排布呈现周期性的变化，元素的单质及其化合物的性质也呈现周期性的变化，这一规律叫作元素周期律。

元素周期表就是根据元素性质的周期性变化而排列成的，利用元素周期表可以系统地认识元素性质变化的规律性（表1-5）。

1. 同周期元素的金属性和非金属性的递变

元素的金属性指的是它的原子失去电子的能力，元素的非金属性指的是它的原子获得电子的能力。原子的核电荷数越小，最外层电子数越少，电子层数越多，原子半径越大，原子越容易失去电子，元素的金属性越强；原子的核电荷数越大，最外层电子数越多，电子层数越少，原子半径越小，原子越容易得到电子，元素的非金属性越强。

表 1-5　原子序数 3～18 的各元素及其化合物性质

核电荷数	3	4	5	6	7	8	9	10
元素	锂 Li	铍 Be	硼 B	碳 C	氮 N	氧 O	氟 F	氖 Ne
最外层电子数	1	2	3	4	5	6	7	8
电子层数	2	2	2	2	2	2	2	2
原子半径 /nm	0.152	0.089	0.082	0.077	0.075	0.074	0.071	—
主要化合价	+1	+2	+3	+4 −4	+5 −3	−2	−1	
金属性和非金属性	活泼金属	金属	非金属	非金属	较活泼非金属	活泼非金属	最活泼非金属	稀有气体
酸或碱	LiOH 强碱性	$Be(OH)_2$ 碱性	H_3BO_3 弱酸性	H_2CO_3 弱酸性	HNO_3 强酸性			
气态氢化物				CH_4	NH_3	H_2O	HF	
核电荷数	11	12	13	14	15	16	17	18
元素	钠 Na	镁 Mg	铝 Al	硅 Si	磷 P	硫 S	氯 Cl	氩 Ar
最外层电子数	1	2	3	4	5	6	7	8
电子层数	3	3	3	3	3	3	3	3
原子半径 /nm	0.186	0.160	0.143	0.117	0.110	0.102	0.099	
主要化合价	+1	+2	+3	+4 −4	+5 −3	+6 −2	+7 −1	
金属性和非金属性	活泼金属	活泼金属	两性元素	非金属	非金属	较活泼非金属	活泼非金属	稀有气体
酸或碱	NaOH 强碱性	$Mg(OH)_2$ 碱性	$Al(OH)_3$ H_3AlO_3 两性	H_2SiO_3 弱酸性	H_3PO_4 酸性	H_2SO_4 强酸性	$HClO_4$ 最强酸	
气态氢化物				SiH_4	PH_3	H_2S	HCl	

酸或碱：元素的最高价氧化物对应的水化物。

从上表1-5中可以看出，除0族稀有气体外，**同一周期的主族元素，电子层数相同，从左向右，核电荷数增大，最外层电子数增多，原子半径减小，失电子能力减弱，得电子能力增强，因此金属性逐渐减弱，非金属性逐渐增强。**

元素的金属性和非金属性的强弱，还可以通过一些物质的性质来进行比较。如最高价氧化物对应的水化物碱性越强，则元素的金属性越强；最高价氧化物对应的水化物酸性越强，则元素的非金属性越强。比较元素金属性的强弱，可以通过比较它们的单质和水或酸反应置换氢气的难易程度，或相互置换的能力；比较元素非金属性的强弱，可以通过比较它们与氢气反应生成气态氢化物的难易程度，或气态氢化物的稳定性。

课堂演示：金属钠、镁和水反应，金属铝和酸反应。

如钠和水可以剧烈反应产生氢气，镁和冷水不反应，在沸水中缓慢反应产生氢气，铝和水不反应，只能和酸反应产生氢气，因此钠、镁、铝的金属性逐渐减弱。钠是活泼金属，铝是两性元素。

再比如，氯气和氢气混合后，在强光照射或点燃时会发生爆炸，生成很稳定的HCl气体，硫蒸气和氢气混合在加热时可以生成H_2S气体，但H_2S气体不稳定，同时会发生分解，磷和氢气不能够直接生成PH_3，而且PH_3很不稳定，会发生自燃。因此，磷、硫、氯的非金属性逐渐增强。

2. 同一主族元素金属性和非金属性的递变（表1-6）

表1-6　同一主族元素（ⅠA、ⅦA）性质的递变规律

性质变化	元素	核电荷数	电子层数	原子半径/nm	性质变化	元素	核电荷数	电子层数	原子半径/nm
金属性增强↓	Li	3	2	0.152	非金属性增强↑	F	9	2	0.064
	Na	11	3	0.186		Cl	17	3	0.099
	K	19	4	0.227		Br	35	4	0.114
	Rb	37	5	0.248		I	53	5	0.133
	Cs	55	6	0.265		At	85	6	—
	Fr	87	7	—					

从同一主族元素性质的递变可以看出：**同一主族的元素，随核电荷数的递增，电子层数增加，原子半径增大，失电子能力增强，得电子能力减弱，因此金属性逐渐增强，非金属性逐渐减弱。**

因此，元素的金属性与非金属性，主要取决于原子的最外层电子数和原子半径。下面我们将主族元素性质变化规律列于表 1-7 中。

表 1-7 主族元素金属性和非金属性的变化规律

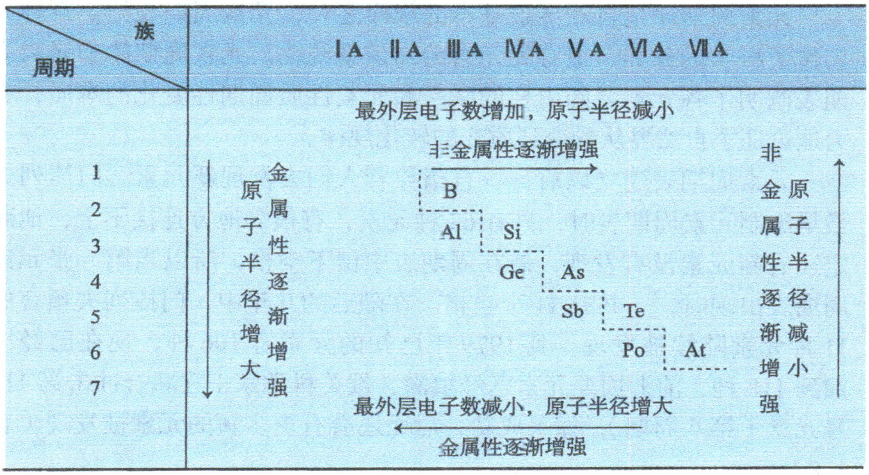

表中元素硼、硅、砷、碲、砹与铝、锗、锑、钋之间划一条分界线，线的左边（下面）是金属元素，右边（上面）是非金属元素。由于元素的金属性和非金属性没有绝对的界限，在分界线两侧的元素往往既具有金属性，又具有非金属性。同样可以知道，元素周期表中，不考虑 0 族元素，金属性最强的元素在左下方，非金属性最强的元素在右上方。

3. 元素化合价的递变

元素的化合价与原子的电子层结构有密切的关系，特别是与最外层电子数目有关，过渡元素的化合价还与它们原子的次外层或倒数第三层有关。把元素原子核外参加化学反应，能够决定化合价的电子称为价电子。对于主族元素：

价电子数 = 最外层电子数 = 族序数 = 最高正化合价

对于Ⅳ A ~ Ⅶ A 的非金属元素：

| 负化合价 |+| 最高正化合价 |=8

如硫元素的最外层电子数为 6，是第Ⅵ A 族元素，它的最高正价为 +6，负化合价为 -2。

需要说明的是，氧和氟不适用上两式，它们在化合物中一般只有负化合价。

副族元素的化合价比较复杂，这里不作讨论。

三、元素周期表和元素周期律的指导意义

元素周期律是自然界最基本的规律之一，元素周期表把上百种元素作了科学的分类，把有关元素的知识系统化。元素周期律和元素周期表阐明了各元素之间内在的联系和元素性质周期性变化的本质，有力地论证了自然界从量变到质变的转化规律。

元素周期表建立以后，一直指导着人们去发现新元素。门捷列夫最早编制元素周期表时，只有 63 种元素，有很多地方连接不上，他断定还有新元素没有发现，便在周期表中留下空格，所以当第一张元素周期表出现时，一共有 11 个空格。在随后的几年中，门捷列夫预言的 11 种元素陆续被发现。到 1979 年已知的元素有 106 种，现在已经增加到 118 种，前七周期元素已经填满，俄美科学家正在联合冲击第 119 号元素（第八周期），如果成功，后面还会有更多新的元素被发现（表 1-8）。

表 1-8　人工合成元素的新进展

元素		合成时间 / 年	元素		合成时间 / 年
109	Mt	1982	114	Fl	1999
110	Ds	1994	115	Mc	2004
111	Rg	1994	116	Lv	2000
112	Cn	1996	117	Ts	2010
113	Nh	2004	118	Og	2006

元素周期表中位置靠近的元素性质比较接近，启发人们在元素周期表的一定位置寻找新的具有特殊用途的物质。例如在氟、氯、硫、磷区域内寻找出新品种的农药和化学药物；在金属与非金属的分界处寻找优良的半导体材料；在过渡金属元素中寻找具有特殊性能的催化剂和耐高温、抗腐蚀、高强度的合金材料。

课后练习

1. 填空题

（1）元素周期表中共有_____个横行，即 ____个周期；共有_____个

纵列，其中包括____个 A 族，_____个 B 族，_____个Ⅷ族，_____个 0 族。

（2）同一周期的主族元素，从左到右，原子半径逐渐______，失电子的能力逐渐_______，得电子的能力逐渐______，金属性逐渐______，非金属性逐渐_______。

（3）同一主族元素，从上到下原子半径逐渐______，失电子能力逐渐______，得电子能力逐渐_______，金属性逐渐_______，非金属性逐渐______。

（4）主族元素的最高正化合价一般等于其______序数，也等于其______电子数，非金属元素的负化合价等于_______。

2. 试比较下列各组中的两种元素，哪一种元素表现出更强的金属性或非金属性。

（1）Na、K （2）B、Al （3）P、Cl （4）O、S （5）S、Cl

3. 填写下表。

原子序数				19
元素名称和符号	氮 N			
原子结构示意图			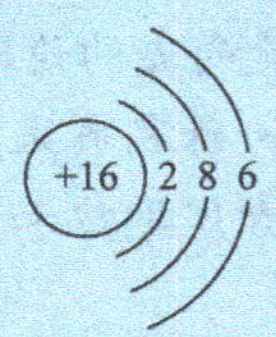	
所在周期		三		
所在族		ⅣA		
最高正化合价				

阅读材料

德米特里·伊万诺维奇·门捷列夫

德米特里·伊万诺维奇·门捷列夫，19 世纪俄国化学家，他发现了元素周期律，并就此发表了世界上第一份元素周期表。他的名著，伴随着元素周期律而诞生的《化学原理》，在 19 世纪后期和 20 世纪初，被国际化学界公认为标准著作，前后共出了八版，影响了许多化学家。

门捷列夫对化学这一学科发展最大贡献在于发现了化学元素周期律。他在批判地继承前人工作的基础上，对大量实验事实进行了订正、分析和概括，总结出这样一条规律：元素（以及由它所形成的单质和化合物）的性质随着原子量（现根据国家标准称为相对原子质量）的递增而呈周期性的变化，即元素周期律。他根据元素周期律编制了第一份元素周期表，把已经发现的 63 种元素全部列入表里，从而初步完成了使元素系统化的任务。他还在表中留下空位，预言了类似硼、铝、硅的未知元素（门捷列夫叫它类硼、类铝和类硅，即以后发现的钪、镓、锗）的性质，并指出当时测定的某些元素原子量的数值有错误，而他在周期表中也没有机械地完全按照原子量数值的顺序排列。若干年后，他的预言都得到了证实。当时一些公认的原子量不准确，如那时金的原子量公认为 169.2，按此在元素表中，金应排在锇、铱、铂的前面，因为它们被公认的原子量分别为 198.6、196.7、196.7，而门捷列夫坚定地认为金应排列在这三种元素的后面，原子量都应重新测定。大家重测的结果，锇为 190.9、铱为 193.1、铂为 195.2，而金是 197.2。实践证实了门捷列夫的论断，也证明了周期律的正确性。

门捷列夫的研究成果，引起了科学界的震动。人们为了纪念他的功绩，就把元素周期律和周期表称为门捷列夫元素周期律和门捷列夫元素周期表。

由于时代的局限性，门捷列夫的元素周期律并不是完整无缺的。1894 年，稀有气体氩的发现，对周期律是一次考验和补充。1913 年，英国物理学家莫塞莱在研究各种元素的伦琴射线波长与原子序数的关系后，证实原子序数在数量上等于原子核所带的正电荷，进而明确作为周期律的基础不是原子量而是原子序数。在周期律指导下产生的原子结构学说，不仅赋予元素周期律以新的说明，而且进一步阐明了周期律的本质。元素周期律经过后人的不断完善和发展，在人们认识自然，改造自然的过程中，发挥着越来越大的作用。

门捷列夫名言：

1. 科学的种子，是为了人民的收获而生长的。
2. 没有加倍的勤奋，就既没有才能，也没有天才。

3. 没有经过实践检验的理论，不管它多么漂亮，都会失去分量，不会为人所承认；没有以有分量的理论作基础的实践一定会遭到失败。

4. 科学不但能“给青年人以知识，给老年人以快乐”，还能使人惯于劳动和追求真理，能为人民创造真正的精神财富和物质财富，能创造出没有它就不能获得的东西。

*1.3 化学键和分子的极性

分子是物质中能独立存在的相对稳定并保持物质化学性质的最小微粒。物质的性质主要由组成分子的原子和分子的空间结构所决定。化学键说明的是分子中的原子是怎样相互结合成分子的，分子的空间结构说明的是分子间如何相互作用的。

一、化学键

分子是由原子构成的，说明分子内部的原子之间存在着相互作用力，这种作用力既存在于相邻的原子之间，也存在于非相邻的原子之间，前者作用力比较强烈，破坏它要消耗较大的能量。分子中相邻的原子之间直接的、强烈的相互作用力称为化学键。根据作用力的不同，化学键可以分为离子键、共价键和金属键。本节着重研究离子键和共价键，金属键在金属一章中研究。

1. 离子键

位于元素周期表左边的活泼的金属元素（主要指ⅠA族、ⅡA族）和位于元素周期表右上方的活泼的非金属元素（主要指ⅦA族和O、S、N等）相互化合时，金属元素的原子易失去电子形成阳离子，非金属元素的原子易得到电子形成阴离子，阴、阳离子之间靠静电作用而形成的化学键叫作**离子键**。

离子键的形成过程可以电子式表示，原子最外层电子用“•”或“×”表示，以NaCl（图1-4）的形成过程为例：

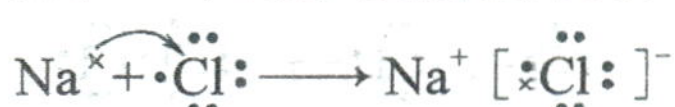

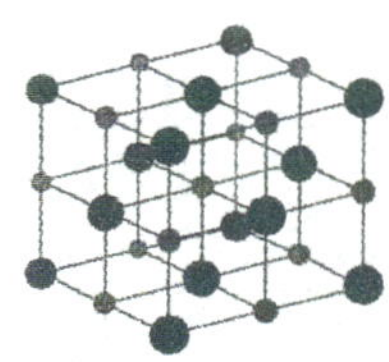

图1-4 NaCl的晶体结构

钠原子是活泼的金属原子，最外层只有1个电子，容易失去电子，氯原子是活泼的非金属原子，最外层有7个电子，容易得到电子，从而使最外层都达到8个电子的稳定结构。当钠原子和氯原子接触时，钠原子最外层的 1 个电子就转移到氯原子的最外层上，形成带正电荷的钠离子（Na^+）和带负电荷的氯离子（Cl^-），阴、阳离子之间的静电引力使两种离子相互靠近，达到一定距离时，两离子的电子与电子之间、原子核与原子核之间的排斥力阻止它们进一步靠近，当引力与斥力达到平衡时，钠离子与氯离子之间就形成了稳定的化学键——离子键。

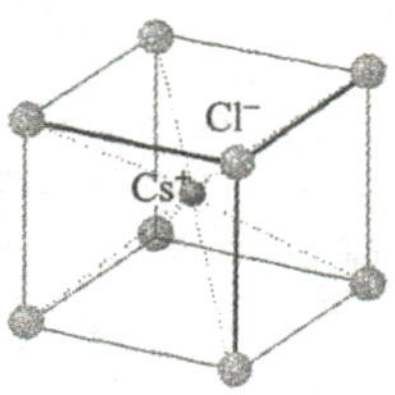

图 1-5　CsCl 的晶体结构

离子键没有饱和性和方向性。由于离子所带的电荷呈球形对称分布，静电作用力在各个方向上都是等效的，可以在各个方向上吸引带有相反电荷的离子，而且只要空间条件允许，可以吸引更多的带有相反电荷的离子。在氯化钠晶体中，每个 Na^+ 周围可以吸引 6 个 Cl^-，同样每个 Cl^- 周围可以吸引 6 个 Na^+。而在 CsCl（图 1-5）晶体中每个 Cs^+ 周围吸引 8 个 Cl^-，每个 Cl^- 周围可以吸引 8 个 Cs^+。

在离子晶体中没有单个的分子，而是向空间无限伸展的“大分子”，NaCl、CsCl 等只是表示最简式。

由离子键形成的化合物称为离子化合物。除活泼的金属与活泼的非金属形成的离子化合物外，活泼金属的碱和含氧酸盐以及铵盐也是离子化合物，如 NaOH、KNO_3、NH_4Cl 等。

2. 共价键

（1）共价键的形成

在非金属元素的原子之间，由于相互之间不能形成得失电子的关系，因此在形成化学键时，两个原子各提供一定的电子形成共用电子对，共用电子对属于两个原子，使两个原子的最外层电子数都达到稳定结构。共用电子对与两个原子核之间的静电引力使两核靠近，而电子与电子之间、原子核与原子核之间的排斥力阻止它们进一步靠近，当引力与斥力达到平衡时，两个原子之间就形成了稳定的化学键。这种原子之间由于共用电子对的作用而形成的化学键叫作**共价键**。

同种元素形成的双原子单质分子，形成共价键时，由于两个原子对共用电子对的吸引能力相同，共用电子对处于两个原子中间，原子不带电荷，化合价为零。如 Cl_2 的形成：

$$:\ddot{\underset{..}{Cl}}\cdot + \cdot\ddot{\underset{..}{Cl}}: \longrightarrow :\ddot{\underset{..}{Cl}}:\ddot{\underset{..}{Cl}}:$$

如：对于不同种元素的原子形成的共价键，由于各原子对电子的吸引能力不同，共用电子对偏向非金属性强的原子，而偏离非金属性相对较弱的原子，非金属性强的原子带部分负电荷，化合价为负，非金属性弱的原子带部分正电荷，化合价为正。如 HCl 分子的形成：

$$H_{\times} + \cdot\underset{\cdot\cdot}{\overset{\cdot\cdot}{Cl}}: \longrightarrow H\,{}_{\times}^{\cdot}\underset{\cdot\cdot}{\overset{\cdot\cdot}{Cl}}:$$

为了简便起见，共用电子对用“—”表示，如 Cl—Cl，H—H，H—Cl，N≡N等。

（2）共价键的特征

共价键具有饱和性：由于原子最外层电子数不能超过 8 个，因此各原子形成共用电子对的数目是一定的，即共价键具有饱和性。

共价键具有方向性：由于核外不同电子层上运动的电子的电子云形状不同，当它们形成共用电子对时，总是向着电子云重叠密度最大的方向，这样形成的共价键才牢固。

在多原子分子中，共价键之间的夹角称为键角。键角可以推测分子的空间结构，如：

CO_2 分子中，O═C═O的键角为 180^{c} ，分子为直线型。

H_2O 分子中，H—O—H 的键角为 104.5°，分子为折角型。

NH_3 分子中，每两个 H—N 键之间的夹角为 107.5°，分子为三角锥形。N 位于顶点。

CH_4 分子中，每两个 H—C 键之间的夹角为 109.5°，分子为正四面体型，C 位于中心，四个 H 位于四个顶点。

不同原子之间形成共价键的稳定性不一样，可以用键能来表示，即破坏 1 mol 共价键所需要的能量，键能一般为几百 kJ/mol。

（3）共价键的极性

由于形成共价键的原子对于电子的吸引能力不同，共价键分为极性键和非极性键。

原子形成共价键时，当两个原子对于电子的吸引能力相同，共用电子对不偏向任何一个原子，成键的原子不显电性，这样的共价键称为非极性共价键，简称非极性键。如：同种原子形成的 H—H 键、Cl—Cl 键、N≡N键等就是非极性键。

原子形成共价键时，当两个原子对于电子的吸引能力不相同，共用电子对偏向非金属性强的原子，而偏离非金属性相对较弱的原子，非金属性强的原子带部分负电荷，非金属性弱的原子带部分正电荷，这样的共价键称为极性共价键，简称为极性键。如绝大多数不同原子形成的 H—Cl 键、H—C 键、O═C键、H—O 键等为极性键。

化合物中的化学键不是单一的，有的既有共价键，又有离子键。如：NaOH 中，$Na^+[\ddot{\underset{\cdot\cdot}{O}}H]^-$，$Na^+$ 和 OH^- 之间是离子键，而 OH^- 内部是共价键。

二、分子的极性和分子间力

1. 分子的极性

以共价键结合形成的分子，分子的极性主要取决于键的极性和分子的空间构型。

在双原子分子中，以非极性键形成的分子都是非极性分子，如双原子单质分子 H_2、O_2、Cl_2、N_2 等。而以极性键结合形成的双原子分子都是极性分子，如 HF、HCl、HBr 等。

在多原子分子中，分子的极性还与分子的空间构型有关。

如 CO_2 分子中，C═O键为极性键，而 O═C═O的键角为 180°，分子为直线型对称结构的非极性分子。H_2O 分子中，H—O 键为极性键，而 H—O—H 的键角为 104.5°，分子为折角型不对称结构的极性分子。

又如 BF_3 分子中，B—F 键为极性键，而三个 B—F 键以正三角形分布，键角为 120°，B 在正三角形中心，分子为正三角形对称性的非极性分子。NH_3 分子中，H—N 键为极性键，三个 H—N 键以三角锥形分布，键角为 107.5°，N 位于顶点，分子为三角锥形不对称的极性分子。

因此在极性键形成的分子中，如果分子的空间结构对称，则分子为非极性分子，分子空间结构不对称，则分子为极性分子。

2. 分子间力

组成物质的分子与分子之间存在着一定的作用力，因此物质才能够发生气、液、固的三态变化。分子之间的这种作用力称为分子间力，又称为范德华力。

影响分子间力的大小的主要因素有：分子的组成结构和相对分子质量的大小。分子间力的能量一般为几到十几 kJ/mol，与化学键的上百 kJ/mol 的键能相比要小得多。但分子间力对于物质的熔点、沸点、溶解度等方面有着重要的影响。

一般来说，组成和结构相似的物质，相对分子质量越大，分子间力越大，熔点越高、沸点越高（表 1-9）。

表 1-9　　卤素单质的熔点和沸点

卤素单质	F_2	Cl_2	Br_2	I_2
相对分子质量	38	71	160	254
熔点 /K	53.4	172	266	386
沸点 /K	85	238	332	457
相对分子质量越大，熔点、沸点越高				

人们从大量的实验事实中总结出“相似相溶”原理，即结构相似、极性相似的物质易于相互溶解。极性物质易溶于极性溶剂中，非极性物质易溶于非极性溶剂中。

如离子化合物、极性化合物都易溶于水，是因为水为极性溶剂。而 Br_2 和 I_2 难溶于水而易溶于 CCl_4，是因为 CCl_4 为非极性溶剂。

3. 氢键

有些氢化物的熔点、沸点的递变规律与相对分子质量递变规律不完全一致（表 1-10）。

表 1-10　　部分氢化物的沸点

氢化物	相对分子质量	沸点 /K	氢化物	相对分子质量	沸点 /K
H_2O	18	373	HF	20	293
H_2S	34	212	HCl	36.5	188
H_2Se	81	232	HBr	81	206
H_2Te	130	271	HI	128	238

从表 1-10 中可以看出，H_2O、HF 的相对分子质量较小，但沸点却比同系列的其他物质高，其原因是它们的分子之间存在着另一种作用力——氢键。

氢键可以表示为 X—H…Y，其中 X、Y 既可以相同，也可以不同。

氢键形成的条件：

（1）X、Y 为半径很小、对电子具有很强的吸引能力，且有孤对电子的原子；

（2）X、Y 直接与氢原子结合。

能够形成氢键的主要是 N、O、F 三种元素的原子与氢原子结合形成的化合物，如 HF、H_2O、NH_3 等，另外其他的很多化合物也有氢键。

氢键是一种特殊的分子间力，氢键的能量一般为几十 kJ/mol，比分子间力大，但比化学键要弱得多。

氢键的存在除使熔沸点发生异常外，还影响到物质的其他性质。如 NH_3 极易溶于水，就是因为 NH_3 分子和 H_2O 分子之间形成氢键。水在温度降低时体积变大，密度变小，是由于水分子之间形成氢键，氢键具有方向性，水分子整体排列，因此占有更大的空间，凝结成冰时，几乎全部以氢键结合。

课后练习

1. 用电子式表示下列物质的形成过程。

（1）$CaCl_2$ （2）MgO （3）Na_2S （4）H_2S （5）NH_3

2. 指出下列物质中所含的化学键的类型。

（1）$MgCl_2$ （2）CS_2 （3）CaO （4）H_2SO_4 （5）NaOH

3. 下列分子中哪些是极性分子？哪些是非极性分子？

（1）HBr （2）H_2S （3）N_2 （4）NH_3 （5）CH_4 （6）CO_2

4. 指出下列各分子之间存在哪些分子间力（包括氢键）。

（1）Cl_2 分子之间 （2）H_2S 分子之间 （3）HCl 和 H_2O 分子之间

（4）NH_3 和 H_2O 分子之间 （5）HCl 和 Cl_2 分子之间

（6）O_2 和 N_2 分子之间

5. 试解释下列现象。

（1）常温下，F_2、Cl_2 是气体，Br_2 是液体，I_2 是固体；

（2）HBr 的沸点比 HCl 高，但又比 HF 低；

（3）I_2 难溶于 H_2O，却易溶于 CCl_4。

*1.4 放射性污染及其防治

某些物质的原子核不稳定，能发生衰变，释放出我们肉眼看不见也感觉不到，只能用专门的仪器才能探测到的射线，这种自发的向外辐射能量，发出射线的物质称为放射性物质。超过一定的剂量，放射性物质所释放的射线就会对人体产生危害，可以致病、致畸、致癌，甚至可以致死。

一、放射物品的种类和性质

放射性物质所放出的射线通常有三种：α 射线、β 射线和 γ 射线，除此之外，还有中子流。各种不同的放射性元素或化合物放出的射线不同，有的只有一种，有的有几种。各种射线的性质和对人体的危害性不同。

1. α 射线

α 射线又称甲种射线，是带有正电荷的粒子流。α 粒子是氦的原子核，质量数为 4。铀等元素衰变时会释放出 α 射线。

α 粒子遇到其他物质的原子时，会与原子中的电子相互作用，使原子电离为相应的离子。而 α 粒子自身的能量耗尽后，与电子结合成为氦原子。

α 粒子由于粒子质量大、电离能力强、射程短、穿透能力弱，衣服、纸张等即可以挡住 α 射线。因此 α 射线对人体不存在外照射危害。但能够释放 α 粒子的物质一旦进入人体内部，会使人体器官和组织受到严重而且集中的损害。α 射线对人体的内照射危害最大。

2. β 射线

β 射线又称乙种射线，是带负电荷的电子流。β 射线速度高（约 2×10^5 km/s）、能量大、穿透能力强。较大剂量的 β 射线能够穿透人体皮肤而使人体组织受到伤害。因此 β 射线对人体主要存在外照射危害。β 粒子的电离能力比 α 粒子小得多，因此 β 射线对人体内照射危害比 α 粒子小得多。β 射线很容易被有机玻璃、塑料、铝箔等屏蔽。

3. γ 射线

γ 射线又称丙种射线，是一种波长很短的电磁波，即光子流。γ 射线速度高（3×10^5 km/s）、能量大、不易被其他物质吸收，被阻挡时只是透过的数量减少，而剩余射线的速度不变，穿透能力很强。如 5 cm 厚的铅板或 20 ~ 30 cm 厚的混凝土才能够使钴 -60 的 γ 射线减弱为原来的 1/10，因此 γ 射线对人体主要存在外照射危害。γ 射线的电离能力最弱。

4. 中子流

中子流是原子核裂变时所产生的。中子不带电，穿透能力很强。中子靠碰撞电离使人体受到损害。

二、放射性指标

1. 放射性衰变和半衰期

放射性物质的原子核由于放出某种粒子而转变为新核的变化叫作衰变。衰变是自发、连续不断进行的，一直衰变到原子处于稳定状态为止。有的核素衰变速度快，有的慢。

半衰期：放射性物质的原子数目因衰变而减少到原来的一半时所经过的时间。每种放射性物质的半衰期是固定不变的。

半衰期短的放射性物质在自然界存在的时间短，过一段时间，其放射性会自行减弱直至消失，而半衰期长的物质在自然界存在的时间长，危害大。

2. 放射性活度和放射性比活度

放射性活度：用每秒钟某放射性物质发生衰变的原子核的数目表示。单位用贝可（Bq）表示，也可以用居里（Ci）表示。1 居里为 1 g 纯镭的放射性活度，1 s 内有 370 亿个原子核发生衰变。

$$1\ \text{Ci}=3.7\times 10^{10}\ \text{Bq}$$

放射性比活度：单位质量的放射性物质的放射性活度。单位为 Bq/kg、Bq/g 或 Ci/kg、Ci/g 等。

通常用放射性比活度来度量某种物质是否应列入放射性物品。

3. 射线的剂量

活度是从放射体的角度衡量射线能量的大小；剂量是从射线的接受体的角度衡量射线能量的大小。剂量是表示受照射物质单位质量（或体积）吸收射线的能量值。

吸收剂量：单位质量物质所吸收射线的能量，单位为 J/kg（焦耳/千克）。这一单位被命名为戈瑞（Gray），记为 Gy，也可用拉德（rad）表示：

$$1\ \text{Gy}=1\ \text{J/kg}=100\ \text{rad}$$

剂量当量：人体对一切射线所吸收能量的剂量单位。人体受到辐射时，虽然吸收剂量相同，但辐射类型和照射条件不同，可能产生不同的后果。为了能对各种辐射剂量进行比较，必须用射线品质因子乘剂量，即：

$$\text{剂量当量}=\text{吸收剂量}\times\text{射线品质因子}$$

剂量当量的单位是 J/kg（焦耳/千克），这一单位被命名为希沃特（Sievert），记为 Sv，也可用雷姆（rem）表示：

$$1\ Sv=1\ J/kg=100\ rem$$

射线品质因子：β 射线和 γ 射线为1，α 射线为20，中子流为10。

三、放射性物质的来源及对人体的危害

1. 来源

（1）核武器试验的沉降物。在大气层进行核试验的情况下，核弹爆炸的瞬间，由炽热蒸气和气体形成的蘑菇云，携带着弹壳、碎片、地面物和放射性烟云上升，随着与空气的混合，辐射热逐渐损失，温度逐渐降低，于是气态物凝聚成微粒或附着在其他的尘粒上，最后沉降到地面。

（2）核燃料循环的“三废”排放。原子能工业的中心问题是核燃料的产生、使用与回收。核燃料循环的各个阶段均会产生“三废”，能对周围环境带来一定程度的污染。

（3）医疗照射引起的放射性污染。目前，由于辐射在医学上的广泛应用，已使医用射线源成为主要的环境人工污染源。

（4）其他各方面来源的放射性污染。其他辐射污染来源可归纳为两类：一是工业、医疗、军事或科学研究用的放射源，因各种事故失去控制而污染环境。二是某些含有或可能含有放射性物质的民用消费品，如放射性发光表盘、夜光表、某些石质建材以及彩色电视机等。这些消费品虽对环境造成的污染很低，但也有研究和控制的必要。

2. 危害

在大剂量的照射下，放射性对人体和动物存在着某种损害作用。如在 400 rad 的照射下，受照射的人有 5% 死亡；若照射 650 rad，则人 100% 死亡。照射剂量在 150 rad 以下，死亡率为零，但并非无损害作用，往往需经几十年以后，一些症状才会表现出来。放射性也能损伤遗传物质，主要在于引起基因突变和染色体畸变，使一代甚至几代受害。

四、放射性“三废”处理

放射性废物中的放射性物质，采用一般的物理、化学及生物学的方法都不能将其消灭或破坏，只有通过放射性核素的自身衰变才能使

放射性衰减到一定的水平。而许多放射性元素的半衰期十分长，并且衰变的产物又是新的放射性元素，所以与其他废物相比，在处理和处置上有许多不同之处。

1. 稀释排放法

放射性废水和放射性废气在放射性比活度不大的情况下，可以通过加水稀释或通风排放。

2. 浓缩收集法

将放射性物质浓缩收集再进行处理。废水中的放射性物质一般采用混凝沉降法、离子交换法、蒸发法等收集，废气中的放射性粉尘一般先进行预过滤，再进行高效过滤收集，固体放射性物质可以进行燃烧、压缩，使体积缩小。

3. 固化处理

对于放射性物质采用沥青固化法、水泥固化法、塑料固化法以及玻璃固化法等，便于收集、运输、集中放置衰变。

五、核电站中放射性物质的产生

在核电站的反应堆中，采用的核燃料主要是含3%左右的铀235，在发生裂变时，铀235吸收一个中子，形成复合核，复合核不稳定，经过很短的时间（约10^{-14} s），然后分裂成两个主要碎片，同时放出数个中子和一定的能量。

$$^{235}_{92}U + 中子 \rightarrow X_1 + X_2 + n \times 中子 + 能量$$

X_1 和 X_2 代表裂变碎片。铀235裂变时会形成60余种不同的碎片，这些碎片通过衰变，产生约250种不同核素，称为裂变产物。在这些裂变产物中，质量数集中在95和140附近，如锶90、碘131、铯137等。

裂变碎片是放射性核素，会发生一系列的衰变，具有较强的放射性，主要为β射线和γ射线，有的核素半衰期较短，如碘131（8天）等，有的核素半衰期较长，如铯137（30多年）等。

反应堆中的能量主要由铀235裂变所释放的能量，包括裂变时瞬时释放的能量（占90%以上）和裂变产物在其随后的衰变时缓慢释放的能量（小于10%）两部分。

日本福岛第一核电站在地震发生时，反应堆通过自动控制系统，将裂变反应自动停止，因此，反应堆主要的能量来源停止产生，但由于有大量裂变碎片还将继续衰变，产生一定的能量，因此，反应堆在停堆后，以及从反应堆中取出的乏燃料，在其随后的一段较长时间内还会继续产生热量，需要通过水来降温。

虽然核电站的反应堆中产生有大量的放射性物质，但在正常情况下，这些放射性物质是不会向环境中释放的。其主要原因是核燃料和裂变产生的放射性物质被密封在锆合金的包壳中，只要包壳不发生破裂，这些放射性物质就不会泄漏。

工作人员在给福岛第一核电站的压力容器减压、排放蒸汽时，为什么会有放射性物质释放呢？这主要是由于事故发生后，核电站的电源长时间缺失，水的循环停止，不能将压力容器中的热量及时排出，堆芯中的水因不断蒸发而减少，部分燃料棒没有得到水的冷却，温度升高，超过锆合金的熔化温度，包壳破裂，从而使部分放射性物质泄漏。当打开减压阀排放蒸汽时，一些受热汽化的放射性物质随蒸汽排出压力容器，向环境中释放。

第2章 化学基本量及其计算

我们去买东西的时候，有的是按个数买，如西瓜、苹果等，有的是按质量买，如糖果、大米等。有的时候我们需要知道质量和数量之间的关系。如需要 100 颗糖果时，我们只要知道每 500 g 糖果有多少颗，直接称量质量就可以了。

化学的研究对象是分子、原子和离子，而这些微观粒子极小，无法直接计数和单个称量。物质进行化学反应时，具有一定的数量比和质量比。我们可以参照数称糖果的方法，在微观粒子的数量和宏观的质量之间建立一个基本物理量作为桥梁——这就是“物质的量”。本章研究物质的量及其和质量之间的关系，并且将物质的量应用于溶液浓度的表示和化学基本计算。

学习目标：

1. 能简单阐述物质的量的概念及其单位，理解并记忆摩尔质量的概念及其单位，学会简单的物质的量有关的计算，学会简单的气体摩尔体积有关的计算；

2. 记住物质的量浓度的概念及其单位，学会简单的物质的量浓度有关的计算；

3. 完成化学方程式的书写及相关计算。

2.1 物质的量

一、物质的量及其单位

化学反应方程式既可以表示参加反应的物质的种类，也可以表示反应的各物质之间的量的关系，如：

$$2H_2+O_2 \xlongequal{} 2H_2O$$

	$2H_2$	O_2	$2H_2O$
分子数之比	2	1	2
质量之比	4	32	36

由此，我们可以知道 2 g 氢气、32 g 氧气和 18 g 水所含有的分子数相等，这个分子数到底有多少？

物质的量是表示组成物质的基本单元数目多少的物理量。用符号 n 表示，单位名称是摩尔，用符号表示为 mol。

1 mol 物质中含有的基本单元数有多少呢？

国际单位制（SI 制）中规定：1 mol 任何物质所含有的基本单元数与 0.012 kg^{12}C 中所含有的原子数目相等。基本单元可以是分子、原子、离子、电子及其他微粒或这些微粒的特定组合体。

根据实验测定，0.012 kg^{12}C 中约含有 6.02×10^{23} 个 ^{12}C 原子，这个数值称为阿伏加德罗常数，用符号 N_A 表示，即 $N_A=6.02\times10^{23}\ mol^{-1}$。

物质的量 n、物质的基本单元数 N 与阿伏加德罗常数 N_A 之间的关系如下：

$$物质的量\ n=\frac{物质的基本单元数目\ N}{阿伏加德罗常数\ N_A}$$

即：
$$n=\frac{N}{N_A}$$

必须注意：在用摩尔作单位表示物质的量时，要指明基本单元的名称。而不能够笼统地说 1 mol 氧、1 mol 氢。

国际单位制（SI）的7个基本单位

物理量	单位名称	单位符号
长度	米	m
质量	千克	kg
时间	秒	s
电流	安[培]	A
热力学温度	开[尔文]	K
物质的量	摩[尔]	mol
发光强度	坎[德拉]	cd

1 mol 氢原子有______个氢原子（H）。

1 mol 氧气中含有______个氧分子（O_2）。

1 mol 硫酸中含有______个硫酸根离子（SO_4^{2-}）。

$2\times6.02\times10^{23}$ 个水分子是____mol 水（H_2O）。

$0.5\times6.02\times10^{23}$ 个氢氧根离子是______mol 氢氧根离子（OH^-）。

氧分子的摩尔质量为 $M(O_2)$ = ______。

硫酸分子的摩尔质量为 $M(H_2SO_4)$ = ______。

氯离子的摩尔质量为 $M(Cl^-)$ = ______。

2 mol NaOH 的质量为______。

二、摩尔质量

前面的描述中我们已经知道，1 mol 任何物质含有的基本单元数都相等，但是这些物质的质量是互不相同的。

我们把 1 mol 物质所具有的质量称为该物质的**摩尔质量**，用符号 M 表示。摩尔质量 M 与物质的质量 m、物质的量 n 之间的关系为：

$$M=\frac{m}{n}$$

物质质量的单位为 g，物质的量的单位为 mol，摩尔质量的常用单位为 g/mol。

由上述定义可以知道，^{12}C 原子的摩尔质量为 12 g/mol。由于分子、原子的相对质量都是与 ^{12}C 原子质量的 1/12 相比而得到的，因此，任何物质的摩尔质量在数值上等于该物质的相对基本单元质量，以 g/mol 作单位。

三、有关物质的量的计算

知道 1 mol 物质的质量，既可以算出一定数量的基本单元的质量，也可以算出一定质量的物质包含的基本单元的数量：

$$\frac{\text{物质的基本单元数目 } N}{\text{阿伏加德罗常数 } N_A}=\text{物质的量 } n=\frac{\text{物质的质量 } m}{\text{物质的摩尔质量 } M}$$

即：

$$\frac{N}{N_A}=n=\frac{m}{M}$$

有关物质的量的计算就是利用上述公式完成微粒数、物质的量和质量的换算。

多少克硫与 3 g 碳所含的原子数相同？

提示：只有当物质的量相等时，它们所含的基本单元数才会相等。

【例 2-1-1】 计算 90 g 水的物质的量是多少？含有多少个水分子？

解： 已知 $m(H_2O)$ =90 g，$M(H_2O)$ =18 g/mol，则 90 g 水的物质的量为：

$$n(H_2O)=\frac{m(H_2O)}{M(H_2O)}=\frac{90\text{ g}}{18\text{ g/mol}}=5\text{ mol}$$

其中含有的水分子个数为：

$$N(H_2O)=n(H_2O)\cdot N_A=5\text{ mol}\times 6.02\times 10^{23}\text{ /mol}=3.01\times 10^{24}$$

答：90 g 水的物质的量是 5 mol，其中含有 3.01×10^{24} 个水分子。

【例 2-1-2】 0.5 mol 的硫酸的质量是多少克？

解： 已知 $n(H_2SO_4)$ =0.5 mol，$M(H_2SO_4)$ =98 g/mol, 则 0.5 mol 硫

酸的质量为：

$$m(H_2SO_4)=n(H_2SO_4)\cdot M(H_2SO_4)=0.5\ \text{mol}\times 98\ \text{g/mol}=49\ \text{g}$$

答：0.5 mol 硫酸的质量为 49 g。

四、气体摩尔体积

从表 2-1 中数据可以看出，在相同的温度下，1 mol 不同的液体、固体的体积是不相同的。

表 2-1　1 mol 液体、固体物质在 293.5 K 时的体积

物质名称	铁	铝	铅	水	硫酸	乙醇
摩尔质量 /（g/mol）	56	27	207	18	98	46
密度 /（g/cm^3）	7.8	2.7	11.3	1.0	1.81	0.789
摩尔体积 /（mL/mol）	7.2	10	18.3	18	54.1	58.3

从表 2-2 中数据可以看出，1 mol 不同气体在 273.15 K 和 101.325 kPa 时所占有的体积都大约为 22.4 L。

表 2-2　1 mol 不同气体在 273.15 K 和 101.325 kPa 时的体积

物质名称	氢气	氧气	二氧化碳	甲烷
摩尔质量 /（g/mol）	2	32	44	16
摩尔体积 /（L/mol）	22.42	22.39	22.40	22.32

我们知道，物质的体积大小取决于构成这种物质的粒子的数目、粒子的大小及粒子之间的距离。1 mol 物质的粒子数目是相同的，对于液体和固体，粒子之间的距离是非常小的，物质的体积则取决于粒子的大小。由于不同物质的粒子大小不同，所以 1 mol 不同的液体和固体的体积是不同的。

在通常情况下，气体分子之间的距离比气体分子本身的大小要大很多倍，相同质量的气体的体积比它的固体或液体的体积要大 1 000 多倍，因此气体的体积取决于气体分子之间的距离。在相同的温度和压强下，不同气体的分子之间的距离是相同的，因此它们的体积相等。为了研究的方便，将温度 273.15 K 和压强 101.325 kPa 所代表的状况称为标准状况。大量的实验事实可以得出一个结论：在标准状况下，1 mol 任何气体所占有的体积都约为 22.4 L。此即气体摩尔体积，用符号 V_m 表示，单位为 L/mol，V_m=22.4 L/mol。气体的体积 V、气体的摩尔体积 V_m 和物质的量 n 之间的关系为：

$$物质的量\ n=\frac{气体的体积\ V}{气体的摩尔体积\ V_m}$$

即：
$$n=\frac{V}{V_m}$$

从上述的表述中，我们还可以得出一个结论：在相同的温度和压强下，相同体积的任何气体都含有相同数目的气体分子。

课后练习

1. 选择题

（1）摩尔是（　　）。

A. 物质的质量单位　　B. 物质的量的单位

C. 物质的量　　D. 6.02×10^{23} 个微粒

（2）质量相同的铁和硫所含的原子个数之比为（　　）。

A. 1∶1　　B. 7∶4　　C. 4∶7　　D. 2∶1

（3）已知在 3.2 g 某气体中所含的分子数目为 3.01×10^{23}，此气体的摩尔质量为（　　）。

A. 32 g　　B. 32 g/mol　　C. 64 g　　D. 64 g/mol

（4）0.5 mol 的氧气含有（　　）。

A. 1 个氧原子　　B. 0.5 个氧分子

C. 3.01×10^{23} 个氧原子　　D. 3.01×10^{23} 个氧分子

（5）相同质量的下列物质中，含分子数目最多的是（　　）。

A. CH_4　　B. N_2　　C. O_2　　D. CO_2

2. 填空题

（1）5 mol CH_4 的质量是______，所含有的分子数为______，所含有的氢原子数为______。

（2）在 $MgCl_2$ 中，Mg 元素与 Cl 元素的质量之比为________，在氯化物 ACl_3 中，A 元素与 Cl 元素的质量之比为 1∶3.94，则 A 的相对原子质量为________。

3. 计算题

（1）计算 1 mol 下列物质的质量。

① Fe　② O_2　③ SO_2　④ Na_2SO_4　⑤ $C_{12}H_{22}O_{11}$

（2）计算下列物质的物质的量。

① 120 g 的 Mg　② 54 g 的 H_2O

2.2 溶液浓度及其计算

在生产和科学实验中，我们经常要接触到溶液，要用到表示溶液组成的物理量。初中所学的溶液中溶质的质量分数 ω，是以溶质的质量与溶液的质量之比来表示溶液的组成。实际上在取用溶液时，更多的是量取溶液的体积。本节介绍几种常用的表示溶液组成的方法。

一、质量浓度

以单位体积溶液中所含溶质 B 的质量来表示溶液组成的物理量，叫作溶质 B 的**质量浓度**。B 的质量浓度的符号为 ρ（B），常用的单位为 g/L。

在一定质量浓度的溶液中，溶质 B 的质量 m（B）、溶液的体积 V 和溶质的物质的量浓度 ρ（B）之间的关系可以用下面的式子表示：

$$\rho(\mathrm{B})=\frac{\text{溶质 B 的质量 } m(\mathrm{B})}{\text{溶液的体积 } V}$$

即：

$$\rho(\mathrm{B})=\frac{m(\mathrm{B})}{V}$$

按照质量浓度的定义：如果在 1 L 的溶液中含有 1 g 的溶质，这种溶液中溶质的质量浓度就是 1 g/L。

二、体积分数

在一定温度和压力下，用溶质 B 的体积与混合物的体积之比来表示溶液组成的物理量，叫作溶质 B 的**体积分数**。B 的物质的体积分数的符号为 φ（B），是一个无单位的比值。

$$\varphi(\mathrm{B})=\frac{\text{溶质 B 的体积 } V(\mathrm{B})}{\text{溶液的体积 } V(\text{混})}$$

三、体积比浓度

在分析化验室中，有些溶液是直接通过浓溶液加一定比例的溶剂稀释而成的，这时常用**体积比浓度**表示。体积比浓度是指溶质试剂（市售原装浓溶液）与溶剂的体积之比，用 $a+b$ 的形式表示。如取 1 体积的市售浓盐酸与 3 体积的水混合而成的盐酸溶液的体积比浓度为 1+3。

四、物质的量浓度

以单位体积溶液中所含溶质B的物质的量来表示溶液组成的物理量，叫作溶质B的**物质的量浓度**。B的物质的量浓度的符号为c（B），常用的单位为mol/L。

将40 g的NaOH溶解在1 L水中，所得的溶液中溶质的物质的量浓度是否为1 mol/L？

从1 L1 mol/L的NaOH的溶液中取出100 mL，取出的溶液中NaOH的物质的量浓度是多少？NaOH的物质的量又是多少？

在一定物质的量浓度的溶液中，溶质B的物质的量n（B）、溶液的体积V和溶质的物质的量浓度c（B）之间的关系可以用下面的式子表示：

$$c(\mathrm{B})=\frac{\text{溶质B的物质的量}\ n(\mathrm{B})}{\text{溶液的体积}\ V}$$

即：

$$c(\mathrm{B})=\frac{n(\mathrm{B})}{V}$$

按照物质的量浓度的定义：如果在1 L的溶液中含有1 mol的溶质，这种溶液中溶质的物质的量浓度就是1 mol/L。

五、有关溶液的浓度的计算

1. 由固体纯物质配制一定体积一定物质的量浓度的溶液

这一类型的计算包括溶质的质量和溶液中溶质的物质的量浓度，进行这类化学计算时，常需要用到下列公式：

$$c=\frac{n}{V} \qquad n=\frac{m}{M}$$

【例2-2-1】 配制0.5 mol/L的NaOH溶液500 mL，需要称取固体NaOH多少克？

解： 已知 $V(\mathrm{NaOH})=500\ \mathrm{mL}=0.5\ \mathrm{L}$

$c(\mathrm{NaOH})=0.5\ \mathrm{mol/L}$

$M(\mathrm{NaOH})=40\ \mathrm{g/mol}$

则溶液中溶质的质量为：

$$m(\mathrm{NaOH})=n(\mathrm{NaOH})\cdot M(\mathrm{NaOH})=c(\mathrm{NaOH})\cdot V(\mathrm{NaOH})\cdot M(\mathrm{NaOH})$$

$$=0.5\ \mathrm{mol/L}\times 0.5\ \mathrm{L}\times 40\ \mathrm{g/mol}=10\ \mathrm{g}$$

答：需要称取固体NaOH 10 g。

2. 质量分数与物质的量浓度之间的换算

市售的浓溶液一般以质量分数ω来表示溶液的组成，同时还给出溶质的质量浓度（ρ）。如浓硫酸$\omega=0.98$，$\rho=1.84\ \mathrm{g/cm^3}$，浓盐酸$\omega=0.37$，$\rho=1.19\ \mathrm{g/cm^3}$，浓硝酸$\omega=0.65$，$\rho=1.4\ \mathrm{g/cm^3}$。

如何将质量分数换算为物质的量浓度？我们知道只要溶液的体积一定，不管用什么方法表示浓度，溶质的质量是一样的。

设溶液的体积为 1 L（即 1 000 mL），ρ 的单位为 g/cm^3（即 g/mL），则：

$$1\ 000\ \text{mL} \times \rho\ (\text{g/mL}) \times \omega = c \times 1\ \text{L} \times M\ (\text{g/mol})$$

$$c = \frac{1\ 000 \times \rho \times \omega}{M}\ \text{mol/L}$$

【例 2-2-2】 某市售浓硫酸中溶质的质量分数为 98%，质量浓度为 1.84 g/mL。计算该市售浓硫酸中 H_2SO_4 的物质的量浓度。

解： 已知 ω（H_2SO_4）=98%，ρ=1.84 g/mL，M（H_2SO_4）=98 g/mol，则

$$c = \frac{1\ 000 \times \rho \times \omega}{M}\ \text{mol/L} = \frac{1\ 000 \times 1.84 \times 98\%}{98}\ \text{mol/L} = 18.4\ \text{mol/L}$$

答：该市售浓硫酸中 H_2SO_4 的物质的量浓度为 18.4 mol/L。

3. 一定物质的量浓度溶液的稀释

这一类型的计算中，溶液中溶质的物质的量保持不变。如果稀释前溶液的浓度和体积用 c_1 和 V_1 表示，稀释后溶液的浓度和体积用 c_2 和 V_2 表示，那么，因为

$$n_1 = c_1 \cdot V_1,\quad n_2 = c_2 \cdot V_2,\quad n_1 = n_2$$

所以

$$c_1 \cdot V_1 = c_2 \cdot V_2$$

该公式称为溶液的稀释定律。

【例 2-2-3】 配制 2 mol/L 的 HCl 溶液 500 mL，需要 12 mol/L 的浓 HCl 溶液的体积是多少？

解： 已知 V_2=500 mL，c_2=2 mol/L，c_1=12 mol/L，则

需要 12 mol/L 的浓 HCl 溶液的体积是：

$$V_1 = \frac{c_2 \cdot V_2}{c_1} = \frac{2\ \text{mol/L} \times 500\ \text{mL}}{12\ \text{mol/L}} = 83.3\ \text{mL}$$

答：配制 2 mol/L 的 HCl 溶液 500 mL，需要 12 mol/L 的浓 HCl 溶液的体积是 83.3 mL。

课后练习

1. 选择题

（1）在体积、物质的量浓度相同的酸中，必然相等的是（　　）。

A. 溶质的质量　　　　　　　　B. 溶质的质量浓度

C. 溶质的物质的量　　　　　　D. 氢离子的物质的量

（2）在相同体积和物质的量浓度的 NaCl、$MgCl_2$、$AlCl_3$ 三种溶液中，Cl^- 的物质的量之比为（　　）。

A. 1∶1∶1　　B. 1∶2∶3　　C. 3∶2∶1　　D. 6∶3∶2

2. 填空题

（1）配制浓度为 0.5 mol/L 的 NaOH 溶液 1 000 mL，需要称取固体 NaOH 的质量是_______，取配制好的该溶液 100 mL，其物质的量浓度为______，含溶质的物质的量为_______，质量为_______。

（2）在 500 mL 2 mol/L 的 H_2SO_4 溶液中，含有溶质的质量为________，此溶液中 H^+ 的物质的量浓度为________，SO_4^{2-} 的物质的量浓度为________。

3. 计算题

（1）如果在 1 L 的 NaCl 溶液中含有 58.5 g 的 NaCl，溶液中 NaCl 的物质的量浓度是多少？如果在 0.5 L 的 NaOH 溶液中含有 40 g 的 NaOH，溶液中 NaOH 的物质的量浓度是多少？

（2）配制 500 mL 0.2 mol/L 的下列物质的溶液，需要下列物质的质量分别是多少？

①NaCl　②KOH　③Na_2CO_3　④$CuSO_4 \cdot 5H_2O$

*2.3　有关化学反应方程式的计算

前面我们已经知道，化学反应方程式既可以表示参加反应的物质的种类，也可以表示反应的各物质之间量的关系，如：

假设参加反应的氧气为 1 mol

$$2H_2 + O_2 = 2H_2O$$

分子数之比　　　2 ∶ 1 ∶ 2

质量之比　　　　4 g ∶ 32 g ∶ 36 g

物质的量之比　　2 mol ∶ 1 mol ∶ 2 mol

标准条件下 H_2 与 O_2 气体的体积之比　44.8 L ∶ 22.4 L

方程式中各物质之间的量的关系可以用多种关系来表达。因此，可根据需要选择以上合适的数量关系来解决实际的计算问题。

【例 2-3-1】 实验室用 150 g 碳酸钙与足量的盐酸反应，能够生成氯化钙多少克，在标准状况下会放出多少升的二氧化碳？

解法一： 设生成氯化钙质量为 x（g），在标准状况下放出二氧化碳体积为 y（L）。

$$CaCO_3 + 2HCl \xlongequal{} CaCl_2 + CO_2\uparrow + H_2O$$

$$\begin{array}{lll} 100\ \text{g} & 111\ \text{g} & 22.4\ \text{L} \\ 150\ \text{g} & x & y \end{array}$$

$$100\ \text{g} : 150\ \text{g} = 111\ \text{g} : x$$

$$x = \frac{150\ \text{g} \times 111\ \text{g}}{100\ \text{g}} = 166.5\ \text{g}$$

$$100\ \text{g} : 150\ \text{g} = 22.4\ \text{L} : y$$

$$y = \frac{150\ \text{g} \times 22.4\ \text{L}}{100\ \text{g}} = 33.6\ \text{L}$$

解题步骤如下：

①写出化学反应方程式。

②依题意列出各物质的关系。

③列出给定和待求的关系。

④列出关系式。

⑤计算。

解法二： 设生成氯化钙的量为 x（mol），二氧化碳的量为 y（mol）。

$$CaCO_3 + 2HCl \xlongequal{} CaCl_2 + CO_2\uparrow + H_2O$$

$$\begin{array}{lll} 100\ \text{g} & 1\ \text{mol} & 1\ \text{mol} \\ 150\ \text{g} & x & y \end{array}$$

$$100\ \text{g} : 150\ \text{g} = 1\ \text{mol} : x$$

$$x = \frac{150\ \text{g} \times 1\ \text{mol}}{100\ \text{g}} = 1.5\ \text{mol}$$

生成氯化钙的质量为 $1.5\ \text{mol} \times 111\ \text{g/mol} = 166.5\ \text{g}$。

$$100\ \text{g} : 150\ \text{g} = 1\ \text{mol} : y$$

$$y = \frac{150\ \text{g} \times 1\ \text{mol}}{100\ \text{g}} = 1.5\ \text{mol}$$

标准状况下放出二氧化碳的体积为：

$$1.5\ \text{mol} \times 22.4\ \text{L/mol} = 33.6\ \text{L}$$

答：生成氯化钙 166.5 g，在标准状况下放出二氧化碳 33.6 L。

计算时，各物质的单位不一定都要换算成相同的克或者摩尔，可以根据题目给定的单位或者是要求的单位来具体分析，但是同一物质的单位必须一致。

【例 2-3-2】 将碳酸钠和碳酸氢钠的混合物 150 g 加热到质量不再变化为止，剩余残渣质量为 143.8 g，计算混合物中碳酸钠的质量分数。

解： 碳酸氢钠受热分解。设混合物中有碳酸氢钠质量为 x（g），则放出的 CO_2 和 H_2O 的质量为 150 g−143.8 g=6.2 g。

$$2NaHCO_3 \xlongequal{} Na_2CO_3 + \underbrace{CO_2 + H_2O}$$

168 g　　　　62 g

x　　　　6.2 g

$$x=\frac{168\ g \times 6.2\ g}{62\ g}=16.8\ g$$

因此，碳酸钠的质量分数为 $\frac{150-16.8}{150} \times 100\%=88.8\%$

答：混合物中碳酸钠的质量分数为 88.8%。

【例 2-3-3】 现有 50 mL 浓度为 0.5 mol/L 的 NaOH 溶液，用浓度为 0.5 mol/L 的 H_2SO_4 溶液中和，需要 H_2SO_4 溶液多少毫升？

解：设需要 H_2SO_4 溶液体积为 x（L）。

$$2NaOH + H_2SO_4 \xlongequal{} Na_2SO_4 + 2H_2O$$

2 mol　　1 mol

0.05 L × 0.5 mol/L　　x × 0.5 mol/L

$$x=\frac{1\ mol \times 0.05\ L \times 0.5\ mol/L}{2\ mol \times 0.5\ mol/L}=0.025\ L=25\ mL$$

答：需要 H_2SO_4 溶液 25 mL。

【例 2-3-4】 用含硫为 96% 的硫黄生产硫酸，试计算 1 t 硫黄能够生产含量为 98% 的浓硫酸多少吨？如果实际只得到 2.99 t，问产率为多少？

解：设能够生产浓硫酸质量为 x（t）。

S————H_2SO_4

32 t　　98 t

1 t × 0.96　　x × 0.98

$$x=\frac{1\ t \times 0.96 \times 98\ t}{32\ t \times 0.98}=3\ t$$

$$浓硫酸的产率=\frac{实际得到的产量}{理论计算的产量} \times 100\%=\frac{2.99\ t}{3\ t} \times 100\% \approx 99.7\%$$

答：能够得到浓硫酸为 3 t，实际产率为 99.7%。

课后练习

1. 制取 4.28 g 的 $Fe(OH)_3$，需要 $FeCl_3$ 和 NaOH 各多少克？

2. 将干燥的 $KClO_3$ 和 MnO_2 的混合物 14 g 加热至不再产生氧气为止，剩余固体的质量为 9.2 g。求制得标准状况下的氧气多少升？原混合物中的 $KClO_3$ 有多少克？

3. 中和 5 mL 某 H_2SO_4 溶液，用去 0.5 mol/L 的 NaOH 溶液 25 mL，求该 H_2SO_4 溶液的浓度。

4. 需煅烧多少千克的含 $CaCO_3$ 为 90% 的石灰石，才能制得 28 kg 的 CaO？若实际消耗石灰石为 60 kg，则原料的利用率为多少？

第3章

化学反应速率及化学平衡

对于一个化学反应，主要研究三方面的内容。

1. 反应物与生成物的种类和数量——化学方程式的书写与计算。这在初中化学以及前面的内容中已做过介绍，后续内容在元素及化合物知识中还将进一步介绍。

2. 化学反应进行得快慢——化学反应速率。研究单位时间内有多少反应物可以转化为生成物。

3. 化学反应进行的限度——化学平衡。研究有多少反应物可以转化为生成物。

本章主要介绍化学反应速率和化学平衡。

学习目标：

1. 正确描述化学反应速率的表示方法，准确说出影响化学反应速率的因素及其影响结果；

2. 准确说出化学平衡的五个特点；

3. 能区别可逆反应与不可逆反应，说出引起化学平衡发生移动的外界因素及其影响结果；

4. 举例说明化学反应速率和化学平衡移动原理在化工生产中的相关应用。

3.1 化学反应速率

【实验 3-1-1】 在一支试管中加入 2 mL 的 0.1 mol/L 的 $BaCl_2$ 溶液，在另一支试管中加入 2 mL 的 0.1 mol/L 的 $Na_2S_2O_3$ 溶液，再分别加入 1 mL 的 2 mol/L 的 H_2SO_4 溶液，振荡均匀，观察出现沉淀的时间。

我们在实验中可以发现，$BaCl_2$ 与 H_2SO_4 的沉淀反应瞬间就可以完成，而 $Na_2S_2O_3$ 和 H_2SO_4 的反应由于属于氧化还原反应，就需要几分钟的时间才能够完成。实际上，化学反应的速率相差很大，有瞬间完成的，有几分钟、几小时、几天完成的，甚至有亿万年才能完成的。

一、反应速率的表示方法

化学反应的发生总是使反应物浓度减小，而使生成物的浓度增大。我们用单位时间内反应物浓度的减少或生成物浓度的增大来表示**化学反应速率**。反应速率通常用符号“v”表示。

$$v=\frac{\Delta c}{\Delta t}$$

式中 v——反应速率，单位为 mol/(L·s)、mol/(L·min)、mol/(L·h)。

Δt——反应所用时间，单位可以用秒（s）、分（min）或时（h）等表示。

Δc——浓度的变化值（取正值），单位为 mol/L。

例如，在一定的条件下，反应 $N_2+3H_2 \xlongequal{} 2NH_3$ 中，N_2、H_2 的起始浓度分别为 1.0 mol/L 和 3.0 mol/L，2 s 后测得 H_2 的浓度为 2.4 mol/L，则：

	N_2	$+\ 3H_2$	$\xlongequal{} 2NH_3$
起始浓度 /（mol/L）	1.0	3.0	0
2 s 后浓度 /（mol/L）	0.8	2.4	0.4
浓度变化 /（mol/L）	0.2	0.6	0.4

$$v(N_2)=\frac{\Delta c(N_2)}{\Delta t}=\frac{0.2\ \text{mol/L}}{2\ \text{s}}=0.1\ \text{mol/(L·s)}$$

$$v(H_2)=\frac{\Delta c(H_2)}{\Delta t}=\frac{0.6\ \text{mol/L}}{2\ \text{s}}=0.3\ \text{mol/(L·s)}$$

$$v(NH_3)=\frac{\Delta c(NH_3)}{\Delta t}=\frac{0.4\ \text{mol/L}}{2\ \text{s}}=0.2\ \text{mol/(L·s)}$$

从上述表示反应速率的结果可以看出：同一反应中，用不同的反应物和生成物表示的反应速率不相等，但它们的数值之比恰好等于反应方程式中各物质的系数之比。因此反应速率可以用任一反应物和生成物来表示。

二、影响反应速率的因素

化学反应速率的快慢，涉及的内容较多。在实际生产和生活中，我们需要根据实际情况，使一些进行得比较慢的反应变快，而使一些进行得比较快的反应变慢，为此必须了解影响化学反应速率快慢的因素。

化学反应速率的快慢，首先取决于参加反应的物质本身的性质。如铁制品在潮湿的空气中容易生锈腐蚀，而铝是活泼金属，在空气中却不易被腐蚀。

其次，浓度、压强、温度、催化剂等外界因素对反应速率也有较大的影响。

1. 浓度对化学反应速率的影响

【实验 3-1-2】 取两只 150 mL 的烧杯，在第一只烧杯中加入 40 mL 的 0.1 mol/L 的 $Na_2S_2O_3$ 溶液，在第二只烧杯中加入 20 mL 的 0.1 mol/L 的 $Na_2S_2O_3$ 溶液和 20 mL 的水，然后同时向两只烧杯中各加入 10 mL 的 2 mol/L 的 H_2SO_4 溶液，搅拌均匀，观察哪一只烧杯中先出现浑浊。

由实验 3-1-2 可以看出：第一只烧杯中 $Na_2S_2O_3$ 溶液浓度大，先出现沉淀；第二只烧杯中 $Na_2S_2O_3$ 溶液浓度小，后出现沉淀。一般来说：**增大反应物浓度，反应速率增大，减小反应物浓度，反应速率减小。**

浓度对于化学反应速率的影响可以用速率方程来表示。对于简单的一步完成的反应：$a\text{A(g)}+b\text{B(g)}\longrightarrow m\text{M(g)}+n\text{N(g)}$，在一定温度下，反应速率与各反应物浓度幂的乘积成正比。

$$v=k\cdot c^a(\text{A})\cdot c^b(\text{B})$$

式中　v——反应的瞬时速率；

$c(\text{A})$、$c(\text{B})$——A、B 物质的瞬时浓度；

a、b——反应式中A、B物质的计量系数，a与b的和为该反应的级数；

k——反应的速率常数。

k值是化学反应的特征常数，在一定温度下，不同反应的速率常数往往不同。对于同一反应，k值与反应物浓度无关，而与温度有关。

对于有气体参加的化学反应，压强对化学反应速率的影响相当于浓度的影响。**在密闭容器中，压强增大，单位体积内气体分子数增加，反应物浓度增大，化学反应速率增大；压强减小时，单位体积内气体分子数减少，反应物浓度减小，反应速率减慢。**

2. 温度对化学反应速率的影响

【实验3-1-3】 取两只150 mL的烧杯，在第一只烧杯中加入20 mL的0.1 mol/L的$Na_2S_2O_3$溶液和20 mL的冷水，在第二只烧杯中加入20 mL的0.1 mol/L的$Na_2S_2O_3$溶液和20 mL的热水，然后同时向两只烧杯中各加入10 mL的2 mol/L的H_2SO_4溶液，搅拌均匀，观察哪一只烧杯中先出现浑浊。

由实验3-1-3可以看出：第一只烧杯中温度低，后出现沉淀，第二只烧杯中温度高，先出现沉淀。一般来说：**升高温度，反应速率增大，降低温度，反应速率减小。**

温度主要影响反应速率常数k。一般温度每升高10 K，反应速率常数k值增大2～4倍。温度变化相同时，吸热反应的k值变化比例比放热反应大。例如$N_2+3H_2 \longrightarrow 2NH_3$为放热反应，假设其温度系数$\gamma=2$；$2NH_3 \longrightarrow N_2+3H_2$，为吸热反应，假设其温度系数$\gamma=3$。在某一温度下它们的反应速率都是$v$，则升高温度和降低温度时，它们的速率变化见表3-1。

表3-1 温度变化对化学反应速率的影响

反应类型	温度升高10 K后的速率	温度降低10 K后的速率
放热反应	$2v$	$1/2v$
吸热反应	$3v$	$1/3v$

3. 催化剂对化学反应速率的影响

【实验3-1-4】 取两支试管，各加入3 mL的3%的H_2O_2溶液，再向其中的一支试管中加入少量的MnO_2固体粉末，观察现象。

由实验3-1-4可以看出：加入少量的MnO_2固体粉末对于反应速率有显著的改变。

催化剂是一类能够显著改变化学反应速率，而其本身的质量、化学组成和性质在反应前后保持不变的物质。

有催化剂参加的反应叫作催化反应。催化剂改变化学反应速率的现象叫作催化作用。

催化剂按照其改变反应速率的作用分为两类：凡是能够加快反应速率的叫作正催化剂，化工生产和化学实验中用的催化剂大多数为正催化剂，如接触法制硫酸中的五氧化二钒、合成氨中的铁、双氧水分解中的二氧化锰等。凡是能够减慢化学反应速率的叫作负催化剂，很多化工制品中都添加负催化剂，如合成橡胶中的防老剂等。通常所说的催化剂为正催化剂。

据统计，化工生产中 80% 以上的反应都采用催化剂。如无机化工中硝酸、硫酸、合成氨的生产；有机化工中甲醇、乙醇、醋酸、乙酸乙酯的生产；石油裂解得到的乙烯在不同的催化剂作用下可以得到几十种化工产品；合成橡胶、塑料和合成纤维的生产都离不开催化剂。在生命过程中催化剂也起到很重要的作用，如人体的消化过程、细胞的合成过程都是以酶为催化剂，绿色植物的光合作用、根瘤菌的生物固氮作用也是以酶为催化剂。模拟酶的催化作用已经成为发展常温、常压、高效化工生产的重要课题。

催化剂具有如下特性：①**催化剂具有选择性**。一种催化剂只能催化一个或几个反应，一个反应也只能选择一种或几种催化剂。②**催化剂用量少、效率高**。③**催化剂具有一定的活性**。催化剂在一定温度范围内才具有活性，低于或高于这个温度范围活性都会降低或失去。催化剂的活性需要经过一定时间的活化才能够达到稳定，经过一定时间的使用后其活性会降低，应该更换。④**催化剂会发生中毒**。在某些物质的作用下，催化剂的催化作用会降低或失去。如果是灰尘或水分覆盖造成的活性降低，经过处理后活性可以恢复，称为暂时中毒；如果是由于发生化学反应导致活性降低或失去，一般难以恢复，称为永久中毒。催化剂发生永久中毒后必须更换，生产中的反应原料在进入催化剂之前都必须经过净化处理。

4. 影响化学反应速率的其他因素

化学反应中的固体颗粒大小、溶剂的种类、搅拌技术以及光、超声波、磁场等都能够影响反应速率。如对于有固体参加的反应，将固体粉碎以增加接触面积、通过搅拌增大反应物接触的机会、改变溶剂增加物质的溶解度等都可以提高反应速率。

课后练习

1. 填空题

（1）化学反应速率通常用单位时间内_______的减少或_________的增加来表示。

（2）在某一化学反应中，反应物 B 的浓度在 5 s 内从 2.0 mol/L 变成 0.5 mol/L，在这 5 s 内 B 的化学反应速率为___________。

2. 选择题

（1）决定化学反应速率的主要因素是（　　）。

A. 反应物的浓度　　　　B. 反应物的性质

C. 反应的压强　　　　D. 所用的催化剂

（2）在下列过程中，需要加快化学反应速率的是（　　）。

A. 钢铁锈蚀　　B. 食物腐败　　C. 炼钢　　D. 塑料老化

3. 将相同质量的锌粒分别投入到足量的 1 mol/L 和 0.1 mol/L 的 HCl 溶液中，哪一个产生氢气的速率快？如果分别投入到相同浓度的热盐酸和冷盐酸中，哪一个产生氢气的速率快？简述理由。

4. 采取哪些措施可以加快下列反应的反应速率？（其中 g 表示气态，s 表示固态）

（1）$CH_4(g)+H_2O(g) \longrightarrow CO(g)+3H_2(g)$

（2）$C(s)+O_2(g) \longrightarrow CO_2(g)$

3.2 化学平衡

在化工生产和化学研究中，对于一个化学反应，我们考虑通过各种方法提高反应速率，使反应物尽快转化为生成物，增加单位时间的产量。同时还必须考虑到使反应物尽可能多地转化为生成物，提高原料的利用率。如在 19 世纪后期，人们发现高炉炼铁所排出的高炉气中含有相当多的 CO，有的技术人员认为，这是由于 CO 与铁矿石接触的时间不够长所造成的，于是耗费大量资金建造了一座高大的炼铁高炉，以增加 CO 与铁矿石接触的时间。可是后来人们发现，用这座高炉炼铁，所排出的高炉气中 CO 的含量并没有减少。这是因为化学反应还存在一个反应进行的程度问题——化学平衡。

一、可逆反应及化学平衡

1. 可逆反应

在实际进行的化学反应中，反应物能够几乎完全转变为生成物，即反应能够进行“到底”的仅占少数。例如氯酸钾的分解反应：

$$2KClO_3 \xrightarrow[\triangle]{MnO_2} 2KCl+3O_2 \uparrow$$

通常认为 KCl 不能和 O_2 反应生成 $KClO_3$。这种实际上只能向一个方向进行“到底”的反应称为**不可逆反应**。

而绝大多数反应都是可逆的。例如在密闭容器中，一定温度下，等物质的量的氢气和碘蒸气化合可以生成碘化氢；在同样的条件下，碘化氢也能够分解生成氢气和碘蒸气，这两个反应是同时发生的，并且方向相反，可以合并写成下列形式：

$$H_2+I_2 \rightleftharpoons 2HI$$

这种在相同的条件下，能向一个方向进行，又能向相反方向进行的反应，称为**可逆反应**。

在可逆反应的方程式中，用双箭头“$\rightleftharpoons$”代替等号“$=\!=\!=$”。习惯上，把由反应物得到生成物的反应，即从左向右进行的反应称为**正反应**；把由生成物得到反应物的反应，即从右向左进行的反应称为**逆反应**。在可逆反应中，正、逆反应在同一个系统中同时发生。

2. 化学平衡

合成氨的反应是一个可逆反应：

$$N_2+3H_2 \rightleftharpoons 2NH_3$$

在 873 K 和 20.2 MPa 条件下，以铁作催化剂，将体积比为 1∶3 的 N_2、H_2 混合气体，密闭于容器内进行反应，当反应体系中氨的含量达到 9.2% 时，反应似乎停止了，这时各反应物和生成物的浓度不再发生变化。

如图 3-1 所示，当反应开始时，N_2、H_2 的浓度最大，NH_3 的浓度为零，正反应速率（$v_{正}$）最大，而逆反应速率（$v_{逆}$）为零。反应发生后，N_2、H_2 合成了 NH_3，一旦有 NH_3 生成，逆反应立即发生，$v_{逆}$逐渐增大，而同时由于 N_2、H_2 的浓度减小，$v_{正}$逐渐减小。随着反应的不断进行，最终达到正、逆反应速率相等（$v_{正}=v_{逆}$）。此时，单位时间内，由 N_2、H_2 合成的 NH_3 分子数等于相同时间内分解为 N_2、H_2 的 NH_3 分子数，反应体系中各物质的浓度不再变化，正、逆反应达到了平衡状态。

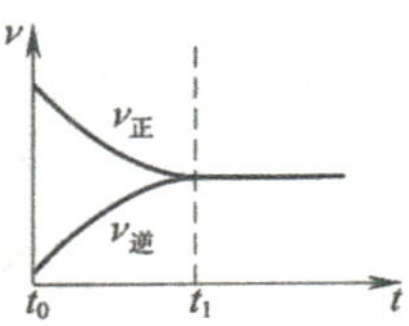

图 3-1　正、逆反应速率的变化

在一定的反应条件下，密闭容器中当可逆反应进行到正、逆反应速率相等时的状态，称为**化学平衡**。

化学平衡具有如下特征：

（1）当外界条件不变时，反应体系中各物质的浓度不再发生变化。

（2）反应无论从哪个方向达到平衡，在相同的条件下，结果都一样。

（3）达到平衡时，反应没有停止，只是处于$v_{正}=v_{逆}$的动态平衡状态。

3. 平衡常数

可逆反应达到化学平衡时，各物质的浓度在一定条件下是一个不变的值。那么各物质的浓度之间有什么关系呢？

大量实验证明，在一定的温度下，任何可逆反应：

$$a\text{A}(g)+b\text{B}(g) \rightleftharpoons m\text{M}(g)+n\text{N}(g)$$

达到化学平衡时，生成物浓度幂的乘积与反应物浓度幂的乘积的比值是一个常数，这个常数称为**化学平衡常数**，简称平衡常数，用K_c表示，也等于正逆反应速率常数的比值。其表达式为：

$$K_c=\frac{k_{正}}{k_{逆}}=\frac{[\text{M}]^m\cdot[\text{N}]^n}{[\text{A}]^a\cdot[\text{B}]^b}$$

（1）平衡常数K_c是可逆反应的特征常数，它表示在一定条件下可逆反应进行的程度。K_c越大，反应进行的程度越大；反之，K_c越小，反应进行的程度越小。

（2）平衡常数K_c与反应的温度有关，而与反应物的浓度、反应的压强及反应中的催化剂无关。

（3）平衡常数K_c是由实验得到的，因此也称为实验平衡常数。

二、化学平衡的移动

在高炉炼铁中，增加高炉的高度，并没有减少高炉气中CO的含量，即反应的程度没有提高。那么，哪些条件的改变，能够使反应进行的程度提高，反应物尽可能多地转化为生成物呢？

化学反应在一定条件下达到平衡时，正、逆反应速率相等。但平衡是相对的，当平衡的条件发生变化时，比如浓度、压强、温度发生变化时，引起正、逆反应速率的不同变化，平衡被破坏。在新的条件下，当正、逆反应速率再次相等时，反应建立了新的平衡。**因外界条件的改变，化学反应由原来的平衡状态转变到新的平衡状态的过程，称为化学平衡的移动。**

化学平衡发生移动后，新的平衡体系下的各物质的浓度，已不同于原来平衡体系下的浓度。

引起化学平衡发生移动的主要外界因素有浓度、压强和温度等。

1. 浓度对于化学平衡的影响

【实验 3-2-1】 在一只小烧杯中加入 20 mL 的水，向水中滴入 10 滴 0.1 mol/L 的 $FeCl_3$ 溶液和 10 滴 0.1 mol/L 的 KSCN（硫氰化钾）溶液，搅拌均匀，烧杯中的溶液立即变成红色。

将上述溶液分装入三支试管。第一支试管中加入少量的 $FeCl_3$ 溶液，第二支试管中加入少量的 KSCN 溶液，第三支试管中加入少量的 KCl 溶液，振荡试管，与原溶液进行比较。

从上述实验中可以看到，在第一、第二两支试管中，溶液的颜色变深，而第三支试管中溶液的颜色变浅。

上述反应的化学方程式如下：

$$\underset{\text{黄色}}{FeCl_3}+\underset{\text{无色}}{3KSCN} \rightleftharpoons \underset{\text{红色}}{Fe(SCN)_3}+\underset{\text{无色}}{3KCl}$$

实验现象说明，增大反应物浓度，生成物 $Fe(SCN)_3$ 的浓度增大；增大生成物 KCl 的浓度，生成物 $Fe(SCN)_3$ 的浓度减小。

一般地说，当其他条件不变时，增大反应物浓度（或减小生成物浓度），平衡向生成物的方向（正方向）移动；增大生成物浓度（或减小反应物浓度），平衡向反应物的方向（逆方向）移动。

对于一般状态，各生成物浓度幂的乘积与反应物浓度幂的乘积的比值称为浓度商，用 Q_c 表示。

平衡浓度用 [i] 表示，而非平衡浓度用 $c(i)$ 表示。

$$Q_c=\frac{c^m(M)\cdot c^n(N)}{c^a(A)\cdot c^b(B)}$$

如果 $Q_c<K_c$，说明生成物浓度小于平衡浓度，反应将向右即正方向进行，直至 $Q_c=K_c$ 时达到平衡。

如果 $Q_c>K_c$，说明生成物浓度大于平衡浓度，反应将向左即逆方向进行，直至 $Q_c=K_c$ 时达到平衡。

实验 3-2-1 中的反应平衡时有：

$$K_c=\frac{[Fe(SCN)_3]\cdot[KCl]^3}{[FeCl_3]\cdot[KSCN]^3}$$

$$Q_c=\frac{c[Fe(SCN)_3]\cdot c^3(KCl)}{c(FeCl_3)\cdot c^3(KSCN)}$$

当加入 $FeCl_3$ 或 KSCN 时，Q_c 随之减小，反应正向进行，使得 $Fe(SCN)_3$ 浓度增大，颜色变深。

而当加入 KCl 时，Q_c 随之增大，反应逆向进行，使得 $Fe(SCN)_3$ 浓度减小，颜色变浅。

2. 压强对化学平衡的影响

【实验 3-2-2】 在一支注射器内装入 NO_2 气体，将细管端用橡胶塞密闭。向内挤压活塞，观察气体颜色的变化，再向外拉动活塞。观察气体颜色的变化。

从上述实验中可以看到，当挤压活塞时，气体的颜色变浅，而当向外拉活塞时，气体的颜色变深。

上述体系中存在如下平衡：

$$\underset{红棕色}{2NO_2(g)} \rightleftharpoons \underset{无色}{N_2O_4(g)}$$

实验现象说明，增大压强时，反应向气体分子数少的方向进行；而减小压强时，反应向气体分子数多的方向进行。

一般地说，**在其他条件不变时，增大压强会使化学平衡向着气体分子总数减少的方向移动；减小压强会使平衡向着气体分子总数增加的方向移动。如果反应前后气体分子数目相等或没有气体参加反应，则压强对平衡没有影响。**

实验 3-2-2 的反应 $2NO_2(g) \rightleftharpoons N_2O_4(g)$ 平衡时有：

$$K_c=\frac{[N_2O_4]}{[NO_2]^2}，Q_c=\frac{c(N_2O_4)}{c^2(NO_2)}，K_c=Q_c$$

在密闭体系中，压强的变化就相当于浓度的变化。当压强增大一倍，浓度也增大一倍。则：

$$Q'_c=\frac{2\cdot c(N_2O_4)}{[2c(NO_2)]^2}=\frac{1}{2}\times\frac{c(N_2O_4)}{c^2(NO_2)}=\frac{1}{2}Q_c$$

从上式可知，压强增大后，$Q'_c<K_c$，反应向正方向进行，使 NO_2 浓度减小，颜色变浅。

当压强减小为原来的一半，浓度也减小为原来的一半。则：

$$Q'_c=\frac{\frac{1}{2}\cdot c(N_2O_4)}{\left[\frac{1}{2}c(NO_2)\right]^2}=\frac{2\times c(N_2O_4)}{c^2(NO_2)}=2Q_c$$

从上式可知，压强减小后，$Q'_c>K_c$，反应向逆方向进行，使 NO_2 浓度增大，颜色变深。

从上述过程可以看出，由于反应前后气体分子数不同，压强变化（即浓度变化），引起 Q_c 的变化。

对于反应 $CO(g)+H_2O(g) \rightleftharpoons CO_2(g)+H_2(g)$，平衡时，$Q_c=K_c$。若压强增大一倍，浓度也增大一倍。则：

$$Q'_c=\frac{2c(CO_2)\cdot 2c(H_2)}{2c(CO)\cdot 2c(H_2O)}=\frac{c(CO_2)\cdot c(H_2)}{c(CO)\cdot c(H_2O)}=Q_c$$

从上式可知，压强增大后，$Q'_c=K_c$，平衡不发生移动。

3. 温度对化学平衡的影响

【实验 3-2-3】 将 NO_2 平衡球的两只球分别浸入热水和冰水中，观察球内气体颜色的变化。

由上述实验可以看到，浸入热水中的 NO_2 球的颜色变深，而浸入冰水中的 NO_2 球的颜色变浅。

反应 $2NO_2(g) \rightleftharpoons N_2O_4(g)$ 正方向为放热反应，则逆方向为吸热反应。温度升高，反应向吸热方向进行，颜色变深；温度降低，反应向放热方向进行，颜色变浅。

一般地说，**在其他条件不变时，升高温度，会使化学平衡向着吸热反应的方向移动；降低温度，会使化学平衡向着放热反应的方向移动。**

根据前面的知识可知，升高相同温度，吸热反应 k 值增大的比例大，而放热反应增大的比例小；降低相同温度，吸热反应 k 值减小的比例大，而放热反应减小的比例小。

在实验 3-2-3 中的反应中，升高温度时：

$$Q_c=\frac{k'_{正、放}}{k'_{逆、吸}}<\frac{k_{正、放}}{k_{逆、吸}}=K_c$$

因此，反应向逆方向进行，使 NO_2 浓度增大，颜色变深。

降低温度时：

$$Q_c=\frac{k'_{正、放}}{k'_{逆、吸}}>\frac{k_{正、放}}{k_{逆、吸}}=K_c$$

因此，反应向正方向进行，使 NO_2 浓度减小，颜色变浅。

请总结并分析上述三个实验结果，并填写表 3-2。

表 3-2　　浓度、压强、温度对化学平衡的影响

影响因素	条件变化	平衡移动方向	平衡移动的结果
浓度	增大反应物浓度或减小生成物浓度		反应物浓度____ 生成物浓度____
	减小反应物浓度或增大生成物浓度		反应物浓度____ 生成物浓度____

续表

影响因素	条件变化	平衡移动方向	平衡移动的结果
压强	增大压强		压强____
	减小压强		压强____
温度	升高温度		温度____
	降低温度		温度____

综合浓度、压强、温度对化学平衡的影响，化学家勒沙特列总结出一个普遍的规律：**当可逆反应达到化学平衡后，如果改变平衡的条件之一，如浓度、压强、温度等，平衡将向减弱这种改变的方向移动。**这个规律称为**勒沙特列原理**，也称为**平衡移动原理**。

需要说明的是：**催化剂**在反应中能够同等程度地增大正、逆反应的速率，因此，使用催化剂可以缩短反应达到平衡的时间，但不能改变平衡的状态，即化学平衡没有发生移动。

三、化学反应速率和化学平衡移动原理在化工生产中的应用

在化工生产中，既要求单位时间内产品的产量要高，也要求原料能够充分利用，尽可能多地转化为产品，降低生产成本，减少毒害物质的排放。这就需要综合考虑化学反应速率和化学平衡两方面的因素，从而选择最适宜的反应条件。

下面以合成氨反应为例，具体说明反应速率和平衡移动原理在化工生产中的应用：

$$N_2(g)+3H_2(g) \rightleftharpoons 2NH_3(g)$$

这是一个气体分子总数减少的放热的可逆反应。下面我们列表研究各种因素对化学反应速率和化学平衡移动的影响（表 3-3）。

表 3-3　各种因素对化学反应速率和化学平衡移动的影响

影响因素	对化学反应速率的影响	对化学平衡移动的影响
浓度	增大 N_2 或 H_2 的浓度，有利于增大反应速率	增大反应物的浓度（N_2 和 H_2 配比为 1：3），有利于平衡向正方向移动
压强	增大压强，反应速率增大	增大压强，平衡向正方向移动，原料利用率增大
温度	温度升高，反应速率增大	温度升高，平衡向逆方向移动，原料利用率降低
催化剂	使用 Fe 为主要催化剂，加快反应速率	使用催化剂，缩短反应达到平衡的时间

综合以上因素：在实际生产中选择以下工艺条件。

1. 浓度：为了使混合气中氨的含量最大，单位时间产量最大，反应物配比为 $n(N_2):n(H_2)=1:3$。同时，生产中要不断地将生成的氨从反应体系中分离出来。

2. 压强：增大压强，能够有较大的反应速率和较高的转化率。但是，压强越大，所需的动力越大，能量消耗越多，而且对设备的要求也越高，使设备和生产成本明显增大。因此，生产中在催化剂的作用下，兼顾产品产量和生产成本等因素，一般采用的压强为 20.3 ~ 50.7 MPa。

3. 温度：在合成氨的生产中，温度的影响是比较复杂的。温度升高，反应速率加快，缩短反应达到平衡的时间。而合成氨反应为放热反应，温度升高会使平衡向逆方向移动，不利于氨的合成。此外，催化剂铁在温度低时，没有催化作用，而在温度较高时，由于表面烧结等因素，会使催化剂的催化活性降低。铁催化剂的活性温度范围为 723 ~ 823 K。因此，一般在催化剂的活性温度范围内选择较低的温度，生产中一般为 723 ~ 773 K。

4. 催化剂：化工生产中广泛使用催化剂来提高单位时间的产量，降低生产成本。合成氨工业中，采用以铁为主体的多组分催化剂。

综上所述，在化工生产中，运用化学反应速率和化学平衡移动原理，确定一个具体反应的条件，一定要从实际出发，综合考虑各种因素，反复实践，探索最佳的工艺条件，达到增产、低耗、高效、环保的效果。

课后练习

1. 填写下表。

对于化学反应 $2SO_2+O_2 \rightleftharpoons 2SO_3$（放热反应），填入以下条件改变对化学平衡的影响。

条件的改变（其他条件不变）	对化学平衡的影响
增大 O_2 的浓度	
减少 SO_3 的浓度	
增大压强	
升高温度	
使用催化剂	

2. 选择题

（1）在一定的条件下，对于密闭容器中进行的化学反应：

$$P(g)+Q(g) \rightleftharpoons R(g)+S(g)$$

下列说法中可以充分说明这一反应已经达到化学平衡状态的是（　　）。

A. P、Q、R、S 的浓度相等

B. P、Q、R、S 在密闭容器中共存

C. P、Q、R、S 的浓度不再变化

D. P 和 Q 表示的化学反应速率相等

（2）气体物质的反应 $2A+B \rightleftharpoons 4C$（放热反应），达到平衡时，下列条件能够使平衡向正反应方向移动的是（　　）。

A. 增大压强　　B. 使用催化剂

C. 升高温度　　D. 减少 C 的浓度

（3）下列各反应达到化学平衡后，加压或降温都能使化学平衡向逆方向移动的是（　　）。

A. $2NO_2 \rightleftharpoons N_2O_4$（放热）

B. $C(s)+CO_2 \rightleftharpoons 2CO$（吸热）

C. $N_2+3H_2 \rightleftharpoons 2NH_3$（放热）

D. $H_2S \rightleftharpoons H_2+S(s)$（吸热）

3. 冬天在密闭的室内使用煤炉或使用燃气热水器等，煤或燃气因不完全燃烧产生 CO。当人吸入较多的 CO 时，就会引起“煤气中毒”。这是由于 CO 与血液里的输送 O_2 的血红蛋白结合，使血红蛋白失去输送 O_2 的能力，人因缺少 O_2 而窒息，甚至死亡。反应方程式表示为：

$$血红蛋白-O_2+CO \rightleftharpoons 血红蛋白-CO+O_2$$

运用化学平衡理论，简述抢救煤气中毒患者时可以采取哪些措施。

第4章 电解质溶液

酸、碱、盐都是电解质，在水溶液中或受热熔化状态时能够电离为自由移动的离子，在外电场的作用下能够导电。而蔗糖、酒精、甘油等大部分有机物都是非电解质，在水溶液中或受热熔化状态时都不能够发生电离，因此都不导电。本章在化学平衡的基础上来研究弱电解质溶液中存在的有关平衡。

学习目标：

1. 了解电离平衡的相关概念；

2. 掌握盐类水解的相关知识，能分析影响盐类水解的因素，举例盐类水解的应用；

3. 理解原电池与电解池的工作原理；

4. 掌握金属腐蚀的类型，讨论归纳预防金属腐蚀的方法及措施。

*4.1 酸碱的电离平衡和溶液的pH

一、电解质的电离

1. 强电解质与弱电解质

【实验4-1-1】 按图4-1所示装置连接电极、灯泡和电源，在广口瓶中分别装入体积、浓度相同的NaOH、$NH_3 \cdot H_2O$、HCl、CH_3COOH、NaCl溶液和蒸馏水。将电极分别插入上述溶液和蒸馏水中观察灯泡的明亮程度。

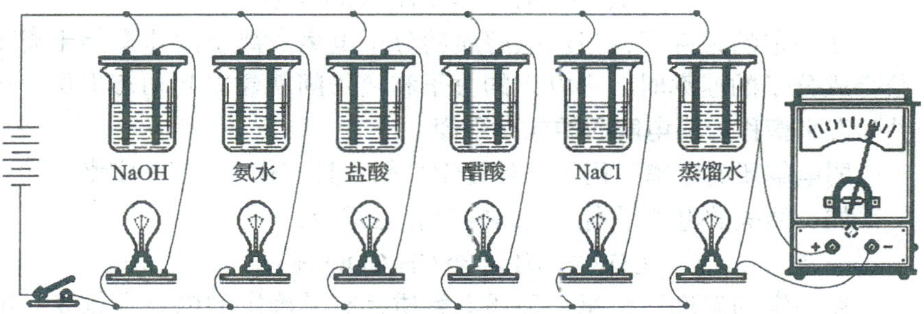

图4-1 电解质溶液导电实验

实验表明，电流通过CH_3COOH和$NH_3 \cdot H_2O$的灯泡较暗，而通过HCl、NaOH、NaCl的灯泡较亮，通过蒸馏水的灯泡则不亮。

电解质溶液的导电能力与单位体积溶液中的阴、阳离子的数量有关，在不太浓的溶液中，导电离子越多，导电能力越强。

浓度相同的电解质溶液的导电能力不同，说明它们在水溶液中的电离程度不同，导电能力强的电离程度大，导电能力弱的电离程度小。

根据电解质的电离情况，可以将电解质相对分为强电解质和弱电解质。**在水溶液中能够完全电离成离子的电解质称为强电解质。** 强电解质在水溶液中完全电离，电离方程式中使用单箭头"$\longrightarrow$"或等号"$==$"。强电解质一般包括强酸、强碱和大多数的盐。如：

$$HCl == H^+ + Cl^-$$

$$NaOH == Na^+ + OH^-$$

$$NaCl == Na^+ + Cl^-$$

在水溶液中只能部分电离的电解质称为弱电解质。 弱电解质在水溶液中只能部分电离，电离方程式中使用可逆符号"$\rightleftharpoons$"表示其部分电离。

弱电解质主要是弱酸（CH_3COOH、HF、H_2S、HCN、H_2CO_3）和弱碱（$NH_3 \cdot H_2O$）等。如：

$$CH_3COOH \rightleftharpoons CH_3COO^- + H^+$$

$$NH_3 \cdot H_2O \rightleftharpoons NH_4^+ + OH^-$$

2. 弱电解质的电离平衡

弱电解质的电离是一个可逆的过程。弱电解质溶于水时，其中一部分分子受到水分子的作用，电离成带有相反电荷的阴、阳离子，溶液中的阴、阳离子在相互碰撞时又相互吸引，而重新结合成分子。如醋酸在水溶液中的电离：

$$CH_3COOH \rightleftharpoons CH_3COO^- + H^+$$

在一定的条件下，当弱电解质的分子电离成离子的速率等于离子结合成分子的速率时，未电离的分子和离子间就建立起动态平衡。这种动态平衡称为**弱电解质的电离平衡**。

弱电解质的电离平衡是一种化学平衡，具有化学平衡的特性。

如，醋酸的电离平衡及电离常数表达式为：

$$CH_3COOH \rightleftharpoons CH_3COO^- + H^+$$

在一定的温度下，每一种弱电解质都有其确定的电离常数 K_i。电离常数 K_i 与温度有关，而与浓度无关。醋酸的电离常数计算如下所示。弱电解质的电离常数可以查阅相关的化学手册。

$$K_{CH_3COOH}=\frac{[H^+][CH_3COO^-]}{[CH_3COOH]}$$

电离常数 K_i 的大小表示弱电解质电离的难易程度，电离常数 K_i 越大，说明弱电解质的电离程度越大，即弱电解质的相对电离能力较强；反之，弱电解质的相对电离能力较弱。

3. 电离度α

电离度表示弱电解质达到电离平衡时的电离百分率，用 α 表示。

$$\alpha=\frac{\text{已电离的分子数}}{\text{电离前的分子总数}}\times 100\%$$

或
$$\alpha=\frac{\text{已电离的弱电解质浓度}}{\text{弱电解质的起始浓度}}\times 100\%$$

4. 电离常数和电离度之间的关系

以醋酸为例，假设起始浓度为 c，平衡常数为 K_i，电离度为 α，则：

	$CH_3COOH \rightleftharpoons$	CH_3COO^- +	H^+
起始浓度 /（mol/L）	c	0	0

浓度变化 / (mol/L)　$-c\alpha$　$c\alpha$　$c\alpha$

平衡浓度 / (mol/L)　$c-c\alpha$　$c\alpha$　$c\alpha$

$$K_i=\frac{[CH_3COO^-][H^+]}{[CH_3COOH]}=\frac{c\alpha \cdot c\alpha}{c-c\alpha}=\frac{c\alpha^2}{1-\alpha}$$

当$\frac{c}{K_i}\geqslant 500$时，因为$\alpha$很小，$1-\alpha\approx 1$，则：

$$K_i=c\alpha^2 \text{ 或 } \alpha=\sqrt{\frac{K_i}{c}}$$

由上式可以看出，在一定温度下，电离常数不变时，溶液浓度越小，电离度越大。

二、一元弱酸、一元弱碱溶液中 $[H^+]$ 和 $[OH^-]$ 的计算

由前面的推导过程可以看出，浓度为c，平衡常数为K_a的一元弱酸溶液中$[H^+]$的近似计算公式为：

$$[H^+]=c\alpha=c\cdot\sqrt{\frac{K_a}{c}}=\sqrt{K_a\cdot c}$$

同样的方法可以得出：浓度为c，平衡常数为K_b的一元弱碱溶液中$[OH^-]$的近似计算公式为：

$$[OH^-]=c\alpha=c\cdot\sqrt{\frac{K_b}{c}}=\sqrt{K_b\cdot c}$$

【例 4-1-1】 已知温度为 298 K 时，醋酸的电离常数 $K_a=1.8\times10^{-5}$，计算该温度下 0.1 mol/L 和 0.01 mol/L 的 CH_3COOH 溶液中的 $[H^+]$ 和 α。

解： 对于 0.1 mol/L 的 CH_3COOH：

$$[H^+]=\sqrt{K_a\cdot c}=\sqrt{1.8\times10^{-5}\times0.1}=1.34\times10^{-3}\ \text{mol/L}$$

$$\alpha=\frac{[H^+]}{c}\times100\%=\frac{1.34\times10^{-3}}{0.1}\times100\%=1.34\%$$

对于 0.01 mol/L 的 CH_3COOH：

$$[H^+]=\sqrt{K_a\cdot c}=\sqrt{1.8\times10^{-5}\times0.01}=4.24\times10^{-4}\ \text{mol/L}$$

$$\alpha=\frac{[H^+]}{c}\times100\%=\frac{4.24\times10^{-4}}{0.01}\times100\%=4.24\%$$

答：0.1 mol/L 的醋酸溶液中 $[H^+]$ 为 1.34×10^{-3} mol/L，α 为 1.34%；0.01 mol/L 的醋酸溶液中 $[H^+]$ 为 4.24×10^{-4} mol/L，α 为 4.24%。

由上述计算可以看出，溶液浓度减小时，电离度增大，但溶液中的离子浓度减小。

【例 4-1-2】 已知温度为 298 K 时 0.1 mol/L 的 $NH_3\cdot H_2O$ 溶液中

$[OH^-]=1.34\times10^{-3}$ mol/L，计算 $NH_3\cdot H_2O$ 的平衡常数 K_b。

解：由公式 $[OH^-]=\sqrt{K_b\cdot c}$ 可以得到；

$$K_b=\frac{[OH^-]^2}{c}=\frac{(1.34\times10^{-3})^2}{0.1}\approx1.8\times10^{-5}$$

答：$NH_3\cdot H_2O$ 的平衡常数 K_b 为 1.8×10^{-5}。

三、溶液的 pH

1. 水的电离及水的离子积K_w

通常情况下纯水是不导电的，但如果用精密的仪器测定，纯水有极弱的导电能力，说明在纯水中也存在着微弱的电离，水是一种极弱的电解质。水的电离方程式为 $H_2O \rightleftharpoons H^++OH^-$。在一定温度下，纯水中 $[H^+]$ 与 $[OH^-]$ 的乘积是一个常数，这个常数称为水的离子积常数，简称为**水的离子积**，用符号 K_w 表示。

经电导测定，在 298 K 时，纯水中 $[H^+]=[OH^-]=10^{-7}$ mol/L。因此，

$$K_w=[H^+][OH^-]=10^{-7}\times10^{-7}=10^{-14}$$

水的离子积常数是在 298 K 时测得的，随着温度的变化，K_w 会发生变化，但在常温范围内变化不大，一般计算中都可认为 $K_w=10^{-14}$。

2. 溶液的酸碱性和pH

实验发现，水的离子积常数不仅在纯水中成立，而且在其他酸、碱、盐的稀溶液中也成立。在溶液中，$K_w=[H^+][OH^-]=10^{-14}$ 始终不变。

不论是酸还是碱，溶液中都同时存在 H^+ 和 OH^-。溶液的酸碱性取决于溶液中 $[H^+]$ 和 $[OH^-]$ 的相对大小。一般情况下：

酸性溶液中　$[H^+]>[OH^-]$　　$[H^+]>10^{-7}$ mol/L

中性溶液中　$[H^+]=[OH^-]$　　$[H^+]=10^{-7}$ mol/L

碱性溶液中　$[H^+]<[OH^-]$　　$[H^+]<10^{-7}$ mol/L

因此可以用氢离子浓度 $[H^+]$ 表示溶液的酸碱性，但在稀溶液中，$[OH^-]$ 一般较小，使用和表达起来不方便，在化学上一般采用 $[H^+]$ 的负对数来表示溶液的酸碱性。这个负对数称为溶液的 **pH**。即：

$$pH=-\lg[H^+]$$

溶液的酸性越强，pH 越小；溶液的碱性越强，pH 越大。

酸性溶液中　$[H^+]>10^{-7}$ mol/L　　pH<7

中性溶液中　$[H^+]=10^{-7}$ mol/L　　pH=7

碱性溶液中　$[H^+]<10^{-7}$ mol/L　　pH>7

溶液的酸碱性也可以用 pOH 来表示，$pOH=-\lg[OH^-]$，但由于在水溶液中 $pH+pOH=14$，因此溶液的酸碱性用 pH 表示即可，而 pOH 值一般用于换算。

【例 4-1-3】 已知 $NH_3\cdot H_2O$ 的电离常数 $K_b=1.8\times10^{-5}$，计算 0.01 mol/L 的 $NH_3\cdot H_2O$ 溶液的 pH。

解： $[OH^-]=\sqrt{K_b\cdot c}=\sqrt{1.8\times10^{-5}\times0.01}=4.24\times10^{-4}$ mol/L

$pOH=-\lg[OH^-]=-\lg(4.24\times10^{-4})\approx3.37$

$pH=14-pOH=14-3.37=10.63$

答：该溶液的 pH 为 10.63。

pH 一般在 0 ~ 14 之间，超出此范围直接用 $[H^+]$ 或 $[OH^-]$ 表示。

3. 酸碱指示剂

有很多物质在不同的 pH 范围内显示不同的颜色，这些物质就是酸碱指示剂。

酸碱指示剂是指能以颜色的改变，指示溶液酸碱性的物质。

指示剂发生颜色变化的 pH 范围称为指示剂的变色范围。

常见的酸碱指示剂有甲基橙、石蕊、酚酞等三种，它们的变色范围见表 4-1。

表 4-1 常见酸碱指示剂的变色范围

指示剂	不同 pH 范围内的颜色		
甲基橙	红色（<3.1）	橙色（3.1 ~ 4.4）	黄色（>4.4）
石蕊	红色（<6.0）	紫色（6.0 ~ 8.0）	蓝色（>8.0）
酚酞	无色（<8.0）	浅红色（8.0 ~ 9.8）	红色（>9.8）

pH 试纸是用多种变色范围不同的指示剂混合起来的溶液浸成的试纸。使用时，将溶液滴在 pH 试纸上，立即会显示某种颜色，然后将试纸的颜色与标准比色板对照，便可确定溶液的 pH。

【实验 4-1-2】 用玻璃棒分别蘸取少量的 0.1 mol/L 的 HCl、NaOH、NaCl、CH_3COOH、$NH_3\cdot H_2O$ 溶液和水，点在 pH 试纸上，过一会儿观察试纸的颜色并与标准比色板比较，读出各溶液的 pH。填入表 4-2 中。

表 4-2 实验 4-1-2 各溶液 pH 读数

溶液	HCl	CH_3COOH	水	NaCl	$NH_3\cdot H_2O$	NaOH
pH						

课后练习

1. 填空题

（1）强电解质通常包括______、______和______，它们在水溶液中能______电离。如 NaOH 属于______，其电离方程式为____________________。

（2）HF 是______电解质，在水溶液中能______电离，电离方程式为____________________。

（3）298 K 时，纯水中 $[H^+]$ ____ $[OH^-]$，$[H^+]\cdot[OH^-]$ ____ K_w，pH ____ 7；

HCl 溶液中 $[H^+]$ ____ $[OH^-]$，$[H^+]\cdot[OH^-]$ ____ K_w，pH ____ 7；

NaOH 溶液中 $[H^+]$ ____ $[OH^-]$，$[H^+]\cdot[OH^-]$ ____ K_w，pH ____ 7。（填 $>$，$=$ 或 $<$）

（4）浓度相同的盐酸、氢氧化钠、醋酸、氨水四种溶液的 pH 从小到大的顺序为：____________________。

2. 选择题

（1）下列物质中，属于强电解质的是（　　）。

A. 氨水　　B. 醋酸　　C. 醋酸铵　　D. 酒精

（2）相同浓度的盐酸和醋酸相比（　　）。

A. 盐酸的酸性强　　B. 醋酸的酸性强

C. 酸性一样强　　D. 无法比较

（3）在 10 mL 0.1 mol/L 的 H_2SO_4 溶液中加入 10 mL 0.1 mol/L 的 NaOH 溶液，所得溶液显________性。

A. 弱酸　　B. 弱碱　　C. 强酸　　D. 中

3. 用氨水和醋酸溶液做导电实验时，灯泡较暗，如果将两种溶液混合后再做实验，则灯泡明亮，这是为什么？

4. 计算 0.05 mol/L 下列溶液的 pH：

（1）H_2SO_4 溶液　（2）NaOH 溶液　（3）CH_3COOH 溶液　（4）$NH_3\cdot H_2O$ 溶液

4.2 盐类的水解

我们已经知道，在水溶液中，酸显酸性，碱显碱性，那么，盐溶液到底是显酸性、中性，还是碱性?

【实验 4-2-1】 分别取少量的 NaCl、NH_4Cl、CH_3COONa 和 CH_3COONH_4 晶体，加入4支盛有蒸馏水的试管中，振荡试管使晶体溶解，用玻璃棒分别蘸取上述各溶液，点在 pH 试纸上，过一会儿观察试纸的颜色并与标准比色板比较，读出各溶液的 pH。

实验结果表明，不同的盐溶液的 pH 不同（表 4-3）。

表 4-3　　实验 4-2-1 中不同盐溶液的 pH

盐的溶液	NH_4Cl	NaCl	CH_3COONH_4	CH_3COONa
pH	5.0	7.0	7.0	9.0

盐溶液可以显酸性、碱性和中性，这是由于组成盐的酸和碱的强弱不同。

一、盐的水解

1. 水解平衡常数　水解度

在盐的水溶液中，盐发生电离，同时存在着水的电离平衡。盐电离出的阴、阳离子与水电离出的 H^+ 或 OH^- 结合生成弱电解质的反应，称为**盐的水解**。

这里以 NH_4Cl 的水溶液为例来说明。NH_4Cl 是强酸弱碱盐，由强酸 HCl 和弱碱 $NH_3 \cdot H_2O$ 中和生成。在它的水溶液中，由于 NH_4^+ 与水中的 OH^- 结合成弱碱 $NH_3 \cdot H_2O$，消耗了 OH^-，从而破坏了水的电离平衡，使溶液中的 H^+ 浓度增大，达到平衡时，$[H^+] > [OH^-]$，溶液显酸性。

NH_4Cl 的水溶液中的水解过程表示如下：

$$\begin{array}{ccc} NH_4Cl & = & NH_4^+ + Cl^- \\ & & + \\ H_2O & \rightleftharpoons & OH^- + H^+ \\ & & \Updownarrow \\ & & NH_3 \cdot H_2O \end{array}$$

NH_4Cl 水解的离子方程式表示为：

$$NH_4^+ + H_2O \rightleftharpoons NH_3 \cdot H_2O + H^+$$

盐类水解的实质是酸碱中和反应的逆反应。

水解平衡也是一种化学平衡，以 K_h 表示水解平衡常数：

$$K_h = \frac{[NH_3 \cdot H_2O] \cdot [H^+]}{[NH_4^+]} = \frac{[NH_3 \cdot H_2O] \cdot [H^+] \cdot [OH^-]}{[NH_4^+] \cdot [OH^-]} = \frac{K_w}{K_b}$$

如果以 h 表示水解度，则浓度为 c 的 NH_4Cl 水溶液中：

$$NH_4^+ + H_2O \rightleftharpoons NH_3 \cdot H_2O + H^+$$

	NH_4^+	$NH_3 \cdot H_2O$	H^+
起始浓度 /（mol/L）	c	0	0
浓度变化 /（mol/L）	$-ch$	ch	ch
平衡浓度 /（mol/L）	$c-ch$	ch	ch

$$K_h=\frac{[NH_3 \cdot H_2O] \cdot [H^+]}{[NH_4^+]}=\frac{ch \cdot ch}{c-ch}=\frac{ch^2}{1-h}$$

当 $\frac{c}{K_h} \geqslant 500$ 时，h 很小，$1-h \approx 1$，则：

$$h=\sqrt{\frac{K_h}{c}}=\sqrt{\frac{K_w}{K_b \cdot c}}$$

水解后的溶液中：

$$[H^+]=ch=c \cdot \sqrt{\frac{K_w}{K_b \cdot c}}=\sqrt{\frac{K_w}{K_b} \times c}$$

2. 不同类型盐的水解

不同的盐，水解情况不同，溶液酸碱性不同（表 4-4）。

（1）强酸强碱盐：不发生水解，溶液中 $[H^+]=[OH^-]$，溶液显中性。

（2）强酸弱碱盐：弱碱部分发生水解，溶液中 $[OH^-]$ 减小，$[H^+]$ 增大，$[H^+]>[OH^-]$，溶液显酸性。

（3）弱酸强碱盐：弱酸部分发生水解，溶液中 $[H^+]$ 减小，$[OH^-]$ 增大，$[H^+]<[OH^-]$，溶液显碱性。

（4）弱酸弱碱盐：弱酸、弱碱部分都发生水解，溶液的酸碱性由弱酸弱碱的相对强弱确定，情况比较复杂，本书不予讨论。

表 4-4　不同类型盐溶液的酸碱性

盐的种类	举例	水溶液酸碱性
强酸强碱盐	$NaCl$　K_2SO_4　$Ba(NO_3)_2$	中性
强酸弱碱盐	NH_4Cl　$Al_2(SO_4)_3$　$Fe(NO_3)_3$	酸性
弱酸强碱盐	Na_2CO_3　CH_3COONa　K_2S	碱性
弱酸弱碱盐	CH_3COONH_4　Al_2S_3　NH_4HCO_3	由 K_i 相对大小决定

由上述讨论可知，盐类水解的实质是组成盐的弱酸或弱碱部分发生水解。弱酸或弱碱的 K_i 越小，水解程度越大。水解后盐溶液的酸碱性由组成盐的弱酸弱碱相对较强的部分决定。

二、影响盐类水解的因素及其应用

1. 影响盐类水解的因素

盐类的水解首先取决于盐的本身的性质，盐的水解反应与其他反应一样，其反应速率与水解平衡受到浓度、温度等因素的影响。

组成盐的弱酸或弱碱越弱（即 K_a 或 K_b 越小），水解的程度越大（水解平衡常数 K_h 越大）。当水解产物为难溶性物质或挥发性物质时，水解的程度较大，甚至完全水解。如 Al_2S_3 固体遇水立即发生水解，生成沉淀和气体，水解很完全。生产中，Al_2S_3 只能采用干法制得。

水解反应为吸热反应，升高温度有利于水解的进行，水解程度增大。

2. 影响水解因素的应用

在化工生产和科学研究中，经常会遇到盐的水解的问题。掌握影响水解的主要因素，可以很好地为生产和科研服务。

（1）水解的抑制

实验室配制一些盐的溶液时，往往会因为水解而出现溶液变浑浊、气体挥发等现象，如配制 Na_2S、$SnCl_2$、$SbCl_3$、$Bi(NO_3)_3$ 等溶液。因此，配制这些物质的溶液必须抑制水解的进行。

通常的配制方法是将水解性的盐先溶解在相应的一定浓度的强酸或强碱的溶液中，然后再稀释。如：配制 $SnCl_2$、$SbCl_3$、$FeCl_3$ 等的溶液时，先将它们溶于少量的 6 mol/L 的 HCl 溶液中，得到澄清液后再稀释；配制 $Bi(NO_3)_3$ 溶液时，将其溶于少量的 6 mol/L 的 HNO_3 溶液中；配制 Na_2S 溶液时，将其溶于 2 mol/L 的 NaOH 溶液中。

如果水解产生了难溶物，有时即使再加酸或碱，也难以得到澄清的溶液。

（2）水解的应用

在实际生产和科学实验中，有时需要利用盐的水解。

离子的分离：很多工业产品中往往含有杂质铁，要将铁除去，一般先将其氧化为 Fe^{3+}，然后将溶液的 pH 调为 3 ~ 4，加热煮沸溶液，使 Fe^{3+} 完全水解，沉淀为 $Fe(OH)_3$ 而除去。

制造明矾（净水剂）：明矾的主要成分是［$KAl(SO_4)_2 \cdot 12H_2O$］。其水解的产物 $Al(OH)_3$ 是一种胶体，能够吸附水中的悬浮物形成沉淀，从而使水净化。

制造钛白粉：生产钛白粉（TiO_2）的主要方法为硫酸法。钛白粉最终由钛酸加热分解而得。钛酸则由硫酸氧钛溶液水解制得。

课后练习

1. 填空题

(1) 盐类的水解反应可以看成________反应的逆反应。NH_4NO_3 属于盐，其溶液显________性；Na_2CO_3 属于____________盐，其溶液显________性；K_2SO_4 属于____________盐，其溶液显________性。

(2) 在配制 $Al_2(SO_4)_3$ 溶液时，为了抑制水解得到澄清液，可以加入少量的______溶液；在配制 Na_2S 溶液时，为了抑制水解防止气体挥发，可以加入少量的______溶液。

2. 选择题

(1) 为了抑制 $(NH_4)_2SO_4$ 的水解，可以加入(　　)。

A. 稀硫酸　　B. 氨水　　C. 盐酸　　D. 氢氧化钠

(2) 向某种物质的水溶液滴入酚酞显红色，则该物质不可能是(　　)。

A. 弱碱　　B. 强酸弱碱盐

C. 强碱弱酸盐　　D. 弱酸弱碱盐

3. 草木灰中含有的 K_2CO_3，是一种常用的钾肥，使用时一般不能与 $(NH_4)_2SO_4$ 等铵盐混合。试用有关化学知识加以说明。

*4.3 原电池和电解

一、氧化还原反应

1. 氧化还原反应

在初中我们已经学过，物质与氧化合的反应称为**氧化反应**，物质失去氧的反应为**还原反应**。如在氢气还原氧化铜的反应中：

$$CuO + H_2 \xlongequal{\triangle} Cu + H_2O$$

CuO 是氧化剂，失去氧，Cu 被还原；H_2 是还原剂，得到氧，H 被氧化。在一个反应中氧化反应与还原反应总是同时发生的。

进一步分析可以知道，物质发生氧化反应时，元素的化合价发生了变化：

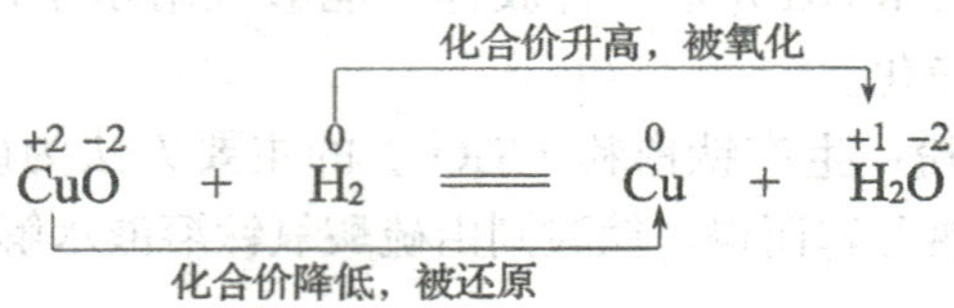

在反应中铜的化合价由 +2 价降到 0 价，铜被还原；氢的化合价由 0 价升到 +1 价，氢被氧化。对其他氧化还原反应进行分析，也能得到相同的结果。

在化合物里，原子失去电子（或共用电子对偏离的原子）带正电，这种元素的化合价为正价；原子得到电子（或共用电子对偏向的原子）带负电，这种元素的化合价为负价。因此，有电子转移（得失或偏移）的反应都是氧化还原反应。没有电子转移的反应就是非氧化还原反应。

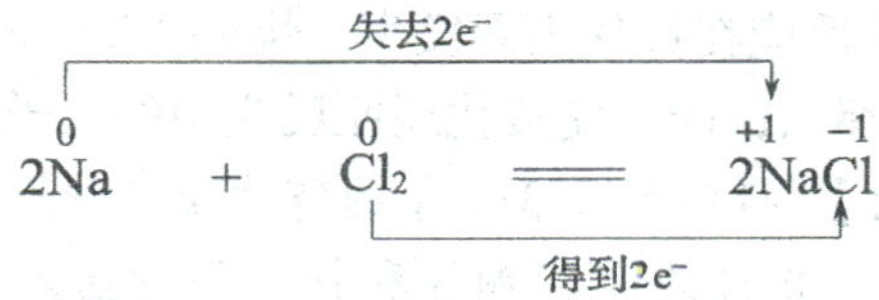

2. 氧化剂与还原剂

氧化剂和还原剂作为反应物共同参加氧化还原反应。在反应中，电子从还原剂转移到氧化剂。因此，氧化剂是得到电子（共用电子对偏向）的物质，具有氧化性，所含元素的化合价降低，被还原。还原剂是失去电子（共用电子对偏离）的物质，具有还原性，所含元素的化合价升高，被氧化。

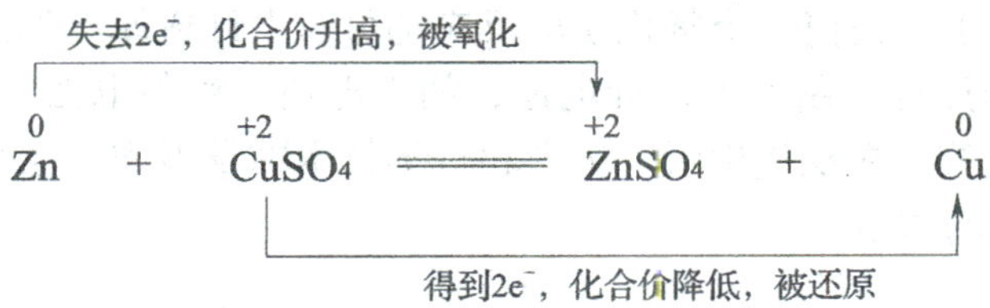

Zn 为还原剂，$CuSO_4$ 为氧化剂。

氧化剂一般为活泼的非金属单质和具有较高化合价的化合物，如 O_2、Cl_2、$KMnO_4$、$K_2Cr_2O_7$、$FeCl_3$ 等；还原剂一般为比较活泼的金属单质和具有较低化合价的化合物，如 Mg、Zn、Fe、KI、$FeCl_2$、H_2S 等。

二、原电池

金属锌是比较活泼的金属，能够与稀硫酸反应放出氢气，金属铜是比较不活泼的金属，不能够和稀硫酸反应。下面我们来看一个实验。

【实验 4-3-1】 如图 4-2 所示，在两只 100 mL 的烧杯中，各加入 30 mL 的稀硫酸。在烧杯（1）中插入一片锌片和一片铜片，两者分开；在烧杯（2）中也插入一片锌片和一片铜片，将两片金属上面连接在一起。观察现象。

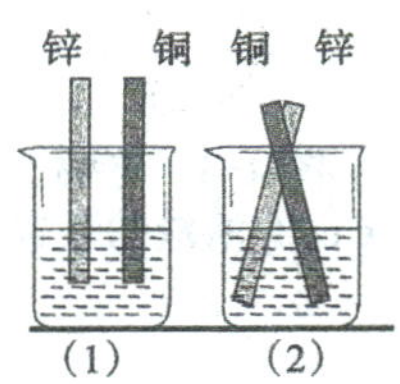

图 4-2 金属与酸的反应

实验表明，烧杯（1）中锌片上有气泡放出，铜片上没有现象；烧杯（2）中锌片发生溶解，铜片上有气泡放出。这是为什么呢？这是因为在铜片、锌片和稀硫酸之间形成一个原电池，锌溶解时失去的电子通过金属流向铜片，溶液中的氢离子在铜片上得到电子被还原为氢原子，氢原子结合成氢分子从铜片上放出。

两只烧杯中发生的反应都是：

$$Zn + H_2SO_4（稀）=\!=\!=\!= ZnSO_4 + H_2\uparrow$$

烧杯（1）中反应在锌片表面发生，烧杯（2）中反应在锌片和铜片表面同时发生。那么，能否使氧化还原反应中的电子转移形成电流呢？

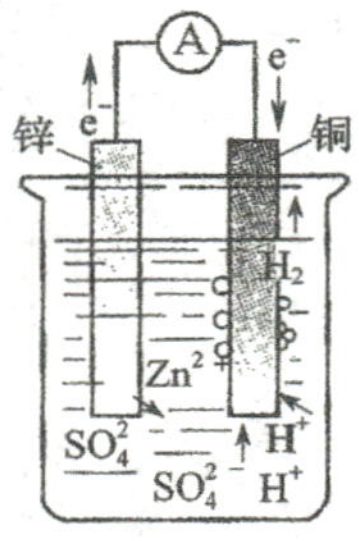

图 4-3　原电池示意图

【实验 4-3-2】 将实验 4-3-1 中的锌片与铜片用导线连接起来，并在导线上串联一只电流表，将铜片和锌片平行插入稀硫酸中，观察电流表的指针的偏转（图 4-3）。

实验结果表明，用导线连接后，锌片不断溶解，铜片上有气泡生成，电流表的指针发生偏转，说明有电流通过，且电流的方向由铜片流向锌片。

这种把化学能转变为电能的装置称为**原电池**。在原电池中，电子流出的一极为负极，电极上发生氧化反应；电子流入的一极为正极，电极上发生还原反应。

原则上，任何一个氧化还原反应都可以设计成原电池。人们利用原电池的原理，制作了多种电池，如干电池、铅蓄电池、充电电池、高能电池等。在现代生活、生产和科学技术的发展中，电池发挥着越来越重要的作用。

三、电解

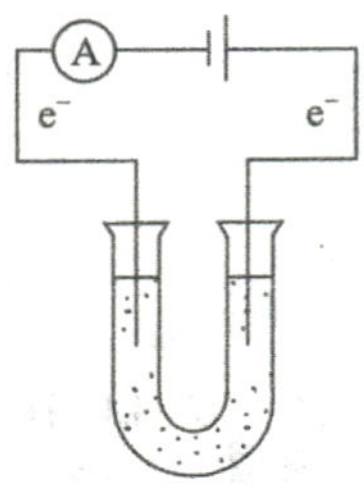

图 4-4　电解 $CuCl_2$ 溶液的装置

【实验 4-3-3】 如图 4-4 所示，在 U 形玻璃管中注入 $CuCl_2$ 溶液，在两边各插入一根碳棒（干电池内的碳棒即可），将碳棒分别与直流电源的正、负极相连，接通电源后，观察 U 形管中碳棒的变化情况。

从实验中可以看到，与电源正极相连的碳棒上有气体放出（Cl_2），而与电源负极相连的碳棒上有金属铜析出。

$$CuCl_2 \xrightarrow{电解} Cu+Cl_2\uparrow$$

电流通过电解质的溶液或熔融电解质时发生氧化还原反应的过程，称为**电解**。电解是一种将电能转变为化学能的过程，电解的装置称为电解槽或电解池。

在电解池中，与直流电源正极相连的电极称为电解池的**阳极**，阳极上发生失电子的氧化反应，与直流电源负极相连的电极称为电解池的**阴极**，阴极上发生得电子的还原反应。

电解在工业上有着极其重要的作用，其主要用于以下几个方面。

1. 电化学工业

以电解的方法制取化工产品的工业称为电化学工业。如氯碱工业就是利用电解食盐水制取氯气和氢氧化钠（烧碱）的。还可以利用电解金属熔融化合物的方法来制取活泼性在铝以前的活泼金属。

2. 电镀

应用电解原理在某些金属表面镀上一层其他金属或合金的过程称为**电镀**。电镀的作用是增强金属抗腐蚀的能力，增加金属的光洁度和表面强度。

一般把待镀的金属制品称为镀件，作为阴极，而把镀在金属表面的金属称为镀层金属，作为阳极，用含有镀层金属离子的溶液作为电镀液。镀层金属一般是一些在空气或溶液中比较稳定的金属或合金，如铬（克罗米）、锌、银、锡等金属和黄铜、青铜、铝合金等合金。

利用电镀的原理可以精炼金属。如通过还原法制得的粗铜中含有一定的杂质，如果将粗铜作为阳极，精铜作为阴极，硫酸铜溶液作为电解液，电解时，粗铜不断溶解，在阴极上不断有精铜析出。比铜活泼的金属在阳极溶解后进入溶液，它们不参与阴极反应而留在溶液中。比铜不活泼的金属，在阳极直接沉降形成阳极泥，阳极泥中有很多贵金属，可以回收。

课后练习

1. 填空题

（1）氧化还原反应的本质是__________。在氧化还原反应中，元素化合价升高的物质______电子，发生________反应，这种物质是________剂；元素化合价降低的物质______电子，发生________反应，这种物质是________剂。

（2）原电池把____能转变成____能，原电池的两极分别称为____极和____极，电子流出的一极称为____极，电子流入的一极称为____极，在____极发生氧化反应，在____极发生还原反应。

2. 选择题

（1）金属单质M和非金属单质R化合生成MR，下列说法正确的是（ ）。

A. R被氧化　　　　　　　　　　B. M是氧化剂

C. M发生氧化反应　　　　　　　D. 具有还原性

（2）在铁件上镀金属铬（Cr），用（ ）作阳极。

A. 铁件　　B. 石墨　　C. Cr　　D. Zn

3. 实验室用纯锌与稀硫酸反应制取氢气，一般速率较慢，如果滴入几滴 $CuSO_4$ 溶液，反应速率则明显加快，说明原因。

*4.4 金属的腐蚀与防护

钢铁在潮湿的空气中很容易生锈，铝制品在潮湿的空气中表面会出现白色的斑点，铜制品在潮湿含有 CO_2 的环境中会出现铜绿等，这些现象称为金属的腐蚀。

当金属和周围的介质接触时，由于发生化学作用或电化学作用而引起的损耗称为金属的腐蚀。金属腐蚀的现象是非常普遍的。

金属被腐蚀后，在外形、色泽以及机械性能等方面都会发生变化。比如使仪器、仪表的测量精度和灵敏度降低，机器设备的传动、密封性能降低等，使产品质量下降，不仅造成巨大浪费，而且会直接影响生产，使产品质量下降，造成环境污染，影响人们的日常生活。很多严重的事故就是由于金属腐蚀造成的。

一、金属腐蚀的种类

金属腐蚀的过程，是发生了氧化还原反应的过程。根据发生氧化还原反应时有无形成原电池，将金属的腐蚀分为化学腐蚀和电化学腐蚀。

1. 化学腐蚀

金属跟接触到的物质直接发生化学反应而引起的腐蚀称为化学腐蚀。化学腐蚀过程简单，仅仅是金属与其接触到的氧化剂之间的氧化还原反应。

2. 电化学腐蚀

不纯的金属跟电解质溶液接触时，会发生原电池反应，比较活泼的金属失电子而被氧化，这种腐蚀称为电化学腐蚀（表4-5）。钢铁在潮湿的空气中所发生的腐蚀就是典型的电化学腐蚀。

表 4-5 化学腐蚀与电化学腐蚀比较

腐蚀类型	接触介质	腐蚀特点
化学腐蚀	氧化剂：氧气、氯气等	①表面进行，②氧化产物如果致密就不再腐蚀，③高温下腐蚀加剧
电化学腐蚀	①电解质溶液，②化学活泼性差的另一种金属（或石墨）	①在潮湿的环境中，②被腐蚀的金属相对较活泼，③腐蚀速率快

电化学腐蚀与化学腐蚀都是由于金属原子失去电子而被氧化，这两种腐蚀往往同时进行。只是电化学腐蚀比化学腐蚀要普遍得多，腐蚀的速率要快得多。

二、金属的防护

1. 物理方法

物理方法防止金属腐蚀，主要是将金属和周围的介质隔离开来。采取在金属表面涂上矿物油脂（如凡士林）、油漆以及覆盖搪瓷等非金属材料，隔离腐蚀性气体，降低空气湿度等。

2. 化学方法

化学方法防止金属腐蚀，主要从改变金属的组成、结构及周围介质条件入手。

（1）将金属制成合金，提高抗腐蚀能力。

（2）在腐蚀介质中加入一种或几种物质，作为缓蚀剂。缓蚀剂的种类很多，根据使用条件的不同分为：

在碱性条件下使用的：$NaNO_2$、$NaOH$、Na_2CO_3、$Ca(HCO_3)_2$。

在中性条件下使用的：$NaNO_2$、$K_2Cr_2O_7$、Na_3PO_4。

在酸性条件下使用的：琼脂、糊精、动物胶、乌洛托品等有机缓蚀剂。

3. 电化学保护法

电化学保护法主要运用原电池和电解池的原理对金属加以保护。

（1）在金属表面镀上一层化学性质稳定，具有较强的抗腐蚀能力的其他金属。如在铁制品表面通常镀上铬、锡、锌等。

（2）在易被腐蚀的金属上连接比较活泼的金属，形成原电池。被保护的金属作为正极。如在轮船的外壳和船舵上焊接一定数量的锌块，锌块成为原电池的负极被腐蚀，船体及船舵被保护。

（3）利用外加电源，使被保护的金属作为电解池的阴极，这种方法称为阴极保护法。其广泛用于石油输油管、化工生产中的冷却器、蒸发锅、熬碱锅等设备以及水库、江堤、海堤的钢闸门的保护。

课后练习

1. 选择题

(1)钢铁中所含杂质的电极电势比铁的电极电势大，则电化腐蚀的是(　　)。

A. 铁　　　　B. 杂质

(2)电化学保护法就是将被保护的金属作原电池的(　　)。

A. 阳极　　　　B. 阴极　　　　C. 正极　　　　D. 负极

(3)钢铁在潮湿的空气里发生的腐蚀有(　　)两种。

A. 吸氧腐蚀和析氢腐蚀　　　　B. 化学腐蚀和空气腐蚀

C. 化学腐蚀和非化学腐蚀　　　　D. 化学腐蚀和电化学腐蚀

(4)有杂质的钢铁，发生电化学腐蚀时，铁被腐蚀，这说明杂质的电极电势比铁的(　　)。

A. 大　　　　B. 小

2. 金属腐蚀分为哪两类？什么叫电化学腐蚀，什么叫化学腐蚀？

第5章

重要的非金属及其化合物

在已经发现的一百多种元素中，除稀有气体外，非金属元素只有二十多种。其中氧和硅是地壳中含量最多的两种元素，它们构成地壳的基本骨架。氮气和氧气是空气中的主要成分。氮、氧、碳、氢、硫、氯、磷等是组成地球生命个体的重要基础元素。大气的主要污染物如SO_2、NO_2、NO、CO等一般为非金属氧化物。构成人体的各种元素中，非金属元素占95%以上。本章将讨论几种非金属及其化合物的重要性质。

学习目标：

1. 能够归纳总结非金属元素性质的相似性与递变性规律；
2. 能够归纳卤族元素单质及化合物的通性与变化规律，并分析指出卤素及其常见化合物的重要化学性质；
3. 能够叙述至少三种重要的氧、硫化合物，并分析其主要性质；
4. 能够叙述至少三种重要的氮、磷、砷化合物，并分析其主要性质；
5. 能够叙述几种重要的碳、硅化合物，并分析其主要性质。

*5.1 非金属元素通论

已知的非金属元素共22种，占据长式周期表的右上角位置。在这22种非金属元素中，B、Si、As、Se、Te称为准金属，它们既有金属性，又有非金属性，At为人工合成元素。虽然非金属只占元素总数的1/5左右，但是无机化合物中酸、碱、单质及各种氧化物、氢化物，有机化合物中的烷烃、烯烃、炔烃、醇和醚都与非金属元素有着密切的关系。非金属矿物种类繁多，在国防、航空航天事业上以及新材料的开发中有着特殊的地位和作用。若以B—Si—As—Te—At画一条对角线，这对角线实际上是金属元素与非金属元素的交界线。交界线上方为非金属元素（表5-1）。

表5-1 非金属元素与金属元素的交界线

ⅢA	ⅣA	ⅤA	ⅥA	ⅦA	0
					He
B	C	N	O	F	Ne
Al	Si	P	S	Cl	Ar
Ga	Ge	As	Se	Br	Kr
In	Sn	Sb	Te	I	Xe
Ti	Pb	Bi	Po	At	Rn

非金属元素的原子在同一周期从左到右，非金属性增强。同一主族从上到下，非金属性减弱。在生物体中已发现70多种元素，其中60余种含量极微。在含量较多的10余种元素中，多数为非金属元素，如O、H、C、N、P、S、Cl等，可见非金属元素与生物科学有着密切关系。

一、非金属元素单质的性质

1. 非金属元素单质的结构与物理性质

非金属的单质大多是由2个或2个以上原子以共价键相结合而成。按照其结构和物理性质可分为3类：

①小分子物质。例如，单原子分子的稀有气体和双原子分子的卤素、氧气、氮气及氢气等，通常情况下它们都是气体，熔沸点都比较低。

②多原子分子物质。例如，S_8、P_4、As_4等，通常情况下它们都是

固体，熔点、沸点也不高，但比上一类高，易挥发。

③大分子物质。例如，金刚石、晶体硅等为原子晶体，它们的熔点、沸点都比较高，不易挥发。

2. 非金属单质的化学性质

非金属元素单质容易得电子，形成单原子负离子或多原子负离子，它们在化学性质上有较大的差别。在常见的非金属元素中，F、Cl、O、S、P、H 较活泼，具有强氧化性，常用作氧化剂，而 N、B、C、Si 在常温下不活泼。大多数非金属单质既有氧化性又具有还原性。一些不活泼的非金属单质如稀有气体、N_2 等通常不与其他物质反应。活泼的非金属容易与金属元素形成卤化物、氧化物、硫化物、氢化物或含氧酸盐等，且非金属元素之间亦可形成卤化物、氧化物、硫化物、氢化物或含氧酸。非金属单质发生的化学反应涉及范围较广，如非金属一般不与盐酸和稀硫酸反应，但其中的 C、S、P、I_2、B 可与浓硫酸或硝酸反应；除 F、O、C 外大多数非金属元素均可与强碱反应；大部分非金属元素不与水作用，只有卤素可与水发生不同程度的反应，但高温下 B、C 等可与水反应。

二、非金属元素的氢化物

非金属（除稀有气体）元素都能形成氢化物。通常情况下呈气体和挥发性的液体。它们的物理性质（如熔点、沸点、凝固点等）随着非金属元素在周期表中所处的位置不同而呈规律性的变化。同一周期中，从左到右非金属氢化物的沸点依次递增；同一族中，从上到下沸点依次递增。H_2O、HF、NH_3 的沸点比同族的其他氢化物高，这是因为它们的分子之间存在着氢键。

非金属氢化物的热稳定性、还原性和酸碱性的变化规律如下：

B_2H_6	CH_4	NH_3	H_2O	HF
	SiH_4	PH_3	H_2S	HCl
	GeH_4	AsH_3	H_2Se	HBr
	SnH_4	SbH_3	H_2Te	HI

（从上到下↓）还原性增强　热稳定性减弱　酸性增强

热稳定性增强，还原性减弱，酸性增强（从左到右→）

三、非金属含氧酸及其盐

1. 非金属含氧酸的酸性强弱变化规律

非金属含氧酸的酸性强弱变化规律如下：

酸性增强（↓）					
	H_3BO_3	H_2CO_3	HNO_3		
		H_2SiO_3	H_3PO_4	H_2SO_4	$HClO_4$
			H_3AsO_4	H_2SeO_4	$HBrO_4$
				H_6TeO_6	HIO_6

酸性增强（→）

2. 含氧酸及其盐的热稳定性

含氧酸及其盐的热稳定性一般规律如下：

①同种金属离子与不同酸根所形成的盐，其稳定性与相应的酸的稳定性基本相同。例如，热稳定性：$Na_2SO_4>Na_2CO_3$；$Na_3PO_4>NaNO_3$ 等。

②同种含氧酸，其正盐比相应的酸式盐稳定，酸式盐又比相应的含氧酸稳定。例如，热稳定性：$Na_2CO_3>NaHCO_3>H_2CO_3$。

③同种酸根不同金属离子所组成的盐，其稳定性：碱金属盐＞碱土金属＞过渡金属＞铵盐。例如，热稳定性：$Na_2CO_3>CaCO_3>ZnCO_3>(NH_4)_2CO_3$。

在碱金属和碱土金属中，碳酸盐的热稳定性随金属阳离子半径的增大而增强。例如，热稳定性：$BaCO_3>SrCO_3>CaCO_3>MgCO_3>BeCO_3$。

3. 含氧酸盐的氧化还原性

含氧酸盐的氧化还原性比较复杂，这是因为同一种含氧酸及盐的氧化还原产物往往有多种，外界条件对其也有很大影响。

一般讲含氧酸的氧化性比相应含氧酸盐的氧化性强。同一含氧酸，浓溶液比稀溶液的氧化性强。例如浓硝酸的氧化性要大于稀硝酸的氧化性。

KI_3 是一种缔合物（$KI\cdot I_2$），既具有 KI 的性质，又具有 I_2 的性质。

课后练习

1. 非金属元素共有______种，占元素总数的______。

2. 同族非金属元素从上到下的热稳定性______，还原性______，酸性______。

3. 非金属元素形成的含氧酸酸性最强的是______。

5.2 卤素及其化合物

卤素是指元素周期表中 ⅦA 族的元素，它们包括氟(F)、氯(Cl)、溴(Br)、碘(I)、砹(At)等5种元素。卤素是非金属元素，其中氟是所有元素中非金属性最强的，碘具有微弱的金属性，砹是放射性元素。卤素及其化合物用途非常广泛，我们最熟悉、最常用的食盐(主要成分 NaCl)，就是一种由氯元素与钠元素组成的盐。氟(F)、溴(Br)、碘(I)等分别与金属元素形成许多盐，如氟化钠、溴化银、碘化钾等，在人们的日常生活中也有重要的用途。

卤素除与金属元素形成盐外，还能与非金属元素形成许多种化合物。卤素和含卤素的化合物还可用于制取很多工业产品，如聚四氟乙烯塑料、聚氯乙烯塑料、漂白剂、溴钨灯、碘钨灯、碘酒等。

卤素的一般性质列于表5-2中。

表5-2 卤素的一般性质

元素名称	氟	氯	溴	碘
元素符号	F	Cl	Br	I
单质	F_2	Cl_2	Br_2	I_2
原子序数	9	17	35	53
共价半径/pm	64	99	114	133
物态(298 K，100 kPa)	气体	气体	液体	固体
单质颜色	淡黄色	黄绿色	红棕色	紫黑色
熔点/℃	-219.62	-100.98	-7.2	113.5
沸点/℃	-188.12	-34.6	58.78	184.35
溶解度(100 g水中)(293 K)	与水剧烈反应生成 $HF+O_2\uparrow$	0.639 g	3.36 g	0.021 g

一、卤素的性质

1. 物理性质

卤素单质均为双原子分子。随着相对分子质量的增大，卤素单质的一些物理性质呈现出规律性变化。如单质的密度、熔点、沸点，由

F_2 至 I_2 依次增高。常温下，氟为浅黄色气体，氯为黄绿色气体，溴为红棕色液体，碘为紫黑色固体（易升华）。

在常温常压下，氟和氯是气体，溴是液体，碘是固体。卤素单质都有颜色，由浅黄至紫黑色逐渐加深，它们的溶解性符合“相似相溶”原则。除氟与水剧烈反应外，其他卤素在水中的溶解度较小，而易溶于有机溶剂，并呈现特殊颜色。溴可溶于乙醇、氯仿等。在醇、醚中碘呈棕色或红棕色，在二硫化碳或四氯化碳中呈紫色。碘难溶于水，但易溶于碘化物溶液（如 KI）。盐的浓度越大，溶解的碘越多，溶液的颜色越深。这是由于 I_2 与 I^- 形成了易溶于水的 I_3^-：

$$I_2+I^- \rightleftharpoons I_3^-$$

卤素单质蒸气均有刺激性气味，强烈刺激眼、鼻、气管等黏膜组织，吸入较多时，会发生严重中毒，甚至造成死亡，使用时应十分小心，注意防护。预防溴的灼伤可用苯或甘油洗涤伤口，吸入氯气时，可吸入氨水或酒精和乙醚混合物处理。

2. 化学性质

卤素是很活泼的非金属元素，单质最突出的化学性质是氧化性。其氧化性强弱顺序是：

$$F_2>Cl_2>Br_2>I_2$$

①与金属、非金属作用　氟的化学活泼性极高，除氮、氧、氖、氩以外，能与几乎所有的金属或非金属直接化合，而且反应十分激烈，氟与氢在低温暗处即能化合，并放出大量热甚至引起爆炸。

氯也是活泼的非金属元素，其活泼性较氟稍差，氯能与所有金属及大多数非金属（除氮、氧、碳和稀有气体除外）直接化合，但反应不如氟剧烈。氯与氢在常温时反应缓慢，强光照射能使反应加快，甚至引起爆炸。

溴、碘的活泼性与氯相比更差，溴、碘只能与活泼金属化合，与非金属的反应性更弱。溴与氢化合剧烈程度远不如氯。碘与氢在高温下才能化合。

②卤素间的置换反应　卤素单质在水溶液中的氧化性也同样按 $F_2>Cl_2>Br_2>I_2$ 的次序递变。因此，位于前面的卤素单质可以氧化后面卤素的阴离子，即位于前面的卤素单质可从后面的卤化物中置换出卤素单质。例如：

$$Cl_2+2Br^- \longrightarrow 2Cl^-+Br_2$$

$$Br_2+2I^- \longrightarrow 2Br^-+I_2$$

③卤素与水、碱的反应　卤素和水的反应分为两种方式，氟的氧化性极强，遇水后立即发生下述反应：

$$2F_2+2H_2O = 4HF+O_2\uparrow$$

氯次之，与水生成 HCl 和 HClO，在光照条件下放出 O_2：

$$Cl_2+H_2O = HCl+HClO$$

$$2HClO \xlongequal{光照} 2HCl+O_2\uparrow$$

次氯酸是一种强氧化剂，能杀死水里的病菌，所以自来水常用氯气来杀菌消毒（1 L 水里通入约 0.002 g 氯气），次氯酸的强氧化性还能使染料和有机色质褪色，可用作棉、麻和纸张等的漂白剂。

分子中的同一元素的化合价同时向升高和降低两个方向变化的反应叫歧化反应，又称自身氧化还原反应。

溴与水反应缓慢，碘几乎与水不反应。

当溶液的 pH 增大时，常温下卤素在碱性溶液中易发生如下化学反应：

$$2NaOH+Cl_2 = NaClO（次氯酸钠）+NaCl+H_2O$$

由于次氯酸盐比次氯酸稳定，容易保存，并且很容易转化成次氯酸，市售的漂粉精、漂白粉等的有效成分就是次氯酸钙。在工业上，漂粉精是通过氯气与石灰乳作用制成的：

$$2Ca(OH)_2+2Cl_2 = Ca(ClO)_2（次氯酸钙）+CaCl_2+2H_2O$$

在潮湿的空气里，次氯酸钙跟空气里的二氧化碳和水蒸气反应，生成次氯酸：

$$Ca(ClO)_2+CO_2+H_2O = CaCO_3\downarrow+2HClO$$

漂粉精、漂白粉可用来漂白植物性纤维，如棉、麻、纸浆等。还可用来杀死微生物，以及对游泳池、污水坑和厕所等进行消毒。

④特殊性　碘除具有上述卤素的一般性质外，还有一种特殊的化学性质，即跟淀粉的反应。碘遇淀粉溶液呈现特殊的蓝色。碘的这一特性可以用来检验、鉴定碘的存在。

二、卤素的重要化合物

1. 卤化氢和氢卤酸

卤素和氢的化合物统称为卤化氢。它们的水溶液显酸性，统称为氢卤酸，其中氢氯酸常用其俗名盐酸。

纯的氢卤酸都是无色液体，具有挥发性。氢卤酸的酸性按 HF<HCl<HBr<HI 的顺序依次增强。其中除氢氟酸为弱酸外，其他的氢卤酸都是强酸。氢氟酸虽是弱酸，但它能与 SiO_2 或硅酸盐反应，而其他氢卤酸则不能。

卤化氢及氢卤酸都是有毒的，特别是氢氟酸毒性更大。浓氢氟酸会把皮肤灼伤，难以治愈。

盐酸是最重要的强酸之一。纯盐酸为无色溶液，有氯化氢的气味。一般浓盐酸的浓度约为37%，工业用的盐酸浓度约为30%，由于含有杂质而带黄色。盐酸是重要的化工生产原料，常用来制备金属氯化物、苯胺和染料等产品。盐酸在冶金工业、石油工业、印染工业、皮革工业、食品工业以及轧钢、焊接、电镀、搪瓷、医药等方面也有广泛的应用。

氟化氢和氢氟酸都能与二氧化硅作用，生成挥发性的四氟化硅和水：

$$SiO_2+4HF \longrightarrow SiF_4+2H_2O$$

二氧化硅是玻璃的主要成分，氢氟酸能腐蚀玻璃。因此，通常用塑料容器来贮存氢氟酸，而不能用玻璃容器贮存。根据氢氟酸的这一特殊性质，可以用它来刻蚀玻璃或溶解各种硅酸盐。

2. 卤素的含氧酸及其盐

氟不形成含氧酸及其盐。氯、溴、碘能形成多种含氧酸及其盐。卤素的含氧化合物中以氯的含氧化合物最为重要。氯能形成次氯酸 $HClO$、亚氯酸 $HClO_2$、氯酸 $HClO_3$ 和高氯酸 $HClO_4$。

卤素含氧酸及其盐最突出的性质是氧化性。含氧酸的氧化性强于其盐。次氯酸作氧化剂时，本身被还原为 Cl^-，具有很强的氧化性。当 $HClO$ 见光分解后，产生原子状态的氧具有强烈的氧化、漂白和杀菌的能力。次氯酸盐也具有氧化性和漂白作用。

在氯的含氧酸中，亚氯酸很不稳定，很容易分解，它只能存在于稀溶液中。亚氯酸的酸性稍强于次氯酸。氯酸是强酸，其强度接近于盐酸和硝酸，也是一种强氧化剂，但其氧化性不如 $HClO$ 和 $HClO_2$。高氯酸是无机酸中最强的酸，具有强氧化性。

课后练习

1. 填空题

（1）卤素位于元素周期表的第________族，包括________、________、________、________、________五种元素。它们的最外电子层都有________个电子，是活泼的________元素。其中________是最活泼的非金属元素。

（2）通常情况下氯气呈________色，它的化学性质________。

（3）制取漂白粉的反应式为________________________________，其中的有效成分为______。

2. 选择题

（1）下列物质中，同时含有氯分子、氯离子和氯的含氧化合物的是（　　）。

A. 氯水　　B. 液氯　　C. 氯酸钾　　D. 次氯酸钙

（2）下列物质中属于纯净物的是（　　）。

A. 氯水　　B. 液氯　　C. 漂白粉　　D. 盐酸

（3）除去氯气中的水蒸气，应使气体通过（　　）。

A. 浓 H_2SO_4　　B. 固体 NaOH

C. NaOH 溶液　　D. 生石灰

（4）将有色布条放入下列物质中，能够使其褪色的是（　　）。

A. 液氯　　B. 氯气　　C. 氯水　　D. 氯化钙溶液

3. 有 X、Y、Z 三种元素，它们具有下述性质：

（1）它们的单质是双原子分子，常温下都是气体。

（2）X_2 在 Z_2 中燃烧，火焰为苍白色，产物 XZ 极易溶于水，其水溶液可以使紫色石蕊试液变红。

（3）2 分子的 X_2 可与 1 分子的 Y_2 化合，生成 2 分子的 X_2Y，X_2Y 在常温下为液体。

（4）Z_2 可以使潮湿的有色布条褪色，但不能使干燥的有色布条褪色。

根据上述事实推断：X、Y、Z 各是什么元素？ XZ、X_2Y 各是什么物质？

4. 含 MnO_2 质量分数为 0.87 的软锰矿 200 g，与足量的浓盐酸充分反应，可以制得氯气多少克？

5.3　氧、硫及其化合物

氧（O）、硫（S）是周期表ⅥA 族的氧族元素。其中氧是地壳中分布最广的元素。在自然界中氧和硫能以单质存在，由于很多金属在地壳中以氧化物和硫化物的形式存在，故这两种元素也称为成矿元素。

一、氧、臭氧、过氧化氢

O_2 是无色、无味的气体。常温常压下在 1 L 水中只能溶解约 30 mL 氧气，这是水中各种生物赖以生存的重要条件。因此，防止水的污染，维持水中正常含氧量，形成良好的生态环境，正日益为人们所重视。

常温下，氧的性质很不活泼，仅能使一些还原性强的物质，如 NO、$SnCl_2$、KI、H_2SO_3 等氧化，加热条件下，除卤素、少数贵金属（Au、Pt）以及稀有气体外，氧几乎与所有的元素直接化合成相应的氧化物。

工业上通过液态空气的分离来制取氧气，也可以用电解的方法制得氧气。实验室常利用氯酸钾的热分解制备氧气。

臭氧 O_3 是氧气 O_2 的同素异形体。臭氧在地面附近的大气层中含量极少，而在大气层的最上层，由于太阳对大气中氧气的强烈辐射作用，形成了一层臭氧层。臭氧层能吸收太阳光的紫外辐射，成为保护地球上的生命免受太阳强辐射的天然屏障。对臭氧层的保护已成为全球性的任务。

臭氧分子比氧气易溶于水。液态臭氧与液氧不能互溶。与氧气相反，臭氧是非常不稳定的，在常温下缓慢分解。纯的臭氧容易爆炸。臭氧的氧化性比氧气强。利用臭氧的氧化性以及不容易导致二次污染这一优点，可用臭氧来净化废气和废水。臭氧可用作杀菌剂，用臭氧代替氯气作为饮用水消毒剂，其优点是杀菌快而且消毒后无味。臭氧又是一种高能燃料的氧化剂。

过氧化氢 H_2O_2 俗称双氧水，沸点比水高，H_2O_2 与水能以任意比例相混溶。过氧化氢是一种极弱的酸，既有氧化性，又有还原性，H_2O_2 无论是在酸性还是在碱性溶液中都是强氧化剂。例如：

$$2I^- + H_2O_2 + 2H^+ \longrightarrow I_2 + 2H_2O$$

$$2[Cr(OH)_4]^- + 3H_2O_2 + 2OH^- \longrightarrow 2CrO_4^{2-} + 8H_2O$$

H_2O_2 的还原性较弱，只有当 H_2O_2 与强氧化剂作用时，才能被氧化而放出 O_2。例如：

$$2KMnO_4 + 5H_2O_2 + 3H_2SO_4 \longrightarrow 2MnSO_4 + 5O_2\uparrow + K_2SO_4 + 8H_2O$$

$$H_2O_2 + Cl_2 \longrightarrow 2HCl + O_2$$

过氧化氢的主要用途是作为氧化剂使用，其优点是产物为 H_2O，不会给反应系统引入其他杂质。工业上使用 H_2O_2 作漂白剂，医药上用稀 H_2O_2 作为消毒杀菌剂。纯 H_2O_2 可作为火箭燃料的氧化剂。

二、硫及其化合物

1. 硫

硫在地壳中是一种分布较广的元素。它在自然界以两种形式出现——单质硫及化合态的硫。天然硫化合物包括硫化物和硫酸盐两大类，如黄铁矿 FeS_2，石膏 $CaSO_4 \cdot 2H_2O$ 和芒硝 $Na_2SO_4 \cdot 10H_2O$。

硫的化学性质比较活泼，能与许多金属直接化合生成相应的硫化物，也能与氢、氧、卤素（碘除外）、碳、磷等直接作用生成相应的化合物。硫能与具有氧化性的酸（如硝酸、浓硫酸等）反应，也能溶于热的碱液生成硫化物和亚硫酸盐：

$$3S+6NaOH \xrightarrow{\triangle} 2Na_2S+Na_2SO_3+3H_2O$$

2. 硫化氢和氢硫酸

硫化氢（H_2S）是无色、臭鸡蛋味的气体，微溶于水，有毒，吸入后会引起头痛、恶心、眩晕，中毒严重可致死亡，空气中允许最大浓度为 0.01 mg/L。

实验室中常用硫化亚铁与稀盐酸反应来制备 H_2S：

$$FeS+2HCl = FeCl_2+H_2S\uparrow$$

硫化氢溶于水后形成氢硫酸，氢硫酸是一种二元弱酸。

硫化氢具有还原性，例如：

$$2H_2S+O_2 = 2H_2O+2S\downarrow$$

$$2Fe^{3+}+H_2S = 2Fe^{2+}+2H^++S\downarrow$$

$$Cl_2+H_2S = 2HCl+S\downarrow$$

3. 二氧化硫

二氧化硫是酸性氧化物，溶于水后能与水化合而生成亚硫酸（H_2SO_3）：

$$SO_2+H_2O = H_2SO_3$$

亚硫酸不稳定，容易分解生成水和二氧化硫：

$$H_2SO_3 = H_2O+SO_2\uparrow$$

在适当温度并有催化剂存在的条件下，二氧化硫可以被氧气氧化，生成三氧化硫，三氧化硫也可以分解生成二氧化硫和氧气。在此反应中，二氧化硫是还原剂：

$$2SO_2+O_2 \underset{\text{加热}}{\overset{\text{催化剂}}{\rightleftharpoons}} 2SO_3$$

二氧化硫具有漂白性，能漂白某些有色物质。工业上常用二氧化硫来漂白纸浆、毛、丝、草帽辫等。二氧化硫的漂白作用是由于它能跟某些有色物质化合而生成不稳定的无色物质。这种无色物质容易分解而使有色物质恢复原来的颜色。用二氧化硫漂白过的草帽辫日久渐渐变成黄色，就是因为这个缘故。

4. 硫酸

硫酸是一种难挥发的强酸，具有酸的通性，易溶于水，能以任意比与水混溶。浓硫酸溶水时放出大量的热，稀释浓硫酸时必须在不断搅拌的情况下，将浓硫酸缓慢倒入水中。

浓硫酸的吸水性、脱水性和氧化性是它的三大特性。浓硫酸能吸收空气中的水分。因此，在实验室中常用浓硫酸来干燥不与它起反应的气体。浓硫酸能按水的组成比脱去纸屑、棉花、锯末等有机物中的氢、氧元素，使这些有机物发生变化，生成黑色的碳。浓硫酸对有机物有强烈的腐蚀性，如果皮肤沾上浓硫酸，会引起严重的灼烧。所以，当皮肤不慎沾上浓硫酸时，不能先用水冲洗，而要用干布迅速拭去，再用大量水冲洗。

浓硫酸具有氧化性，与铜在加热时能发生反应，放出二氧化硫气体。反应后生成物的水溶液显蓝色，说明铜与浓硫酸反应时被氧化成了 Cu^{2+}：

$$2H_2SO_4（浓）+Cu \xlongequal{\triangle} CuSO_4+2H_2O+SO_2\uparrow$$

在常温下，浓硫酸与某些金属，如铁、铝等接触时，能使金属表面生成一薄层致密的氧化物薄膜，从而阻止内部的金属继续跟硫酸发生反应（这种现象称为钝化）。因此，冷的浓硫酸可以用铁或铝的容器贮存。但是，在受热的情况下，浓硫酸不仅能够跟铁、铝反应，还能够跟大多数金属反应。

5. 硫酸根离子的检验

检验溶液中是否含有 SO_4^{2-} 时常常先用盐酸（或稀硝酸）把溶液酸化，以排除 CO_3^{2-} 等可能造成的干扰，再加入 $BaCl_2$ 或 $Ba(NO_3)_2$ 溶液，如果有白色沉淀出现，则说明原溶液中有 SO_4^{2-} 存在。

$$SO_4^{2-}+Ba^{2+} \longrightarrow BaSO_4\downarrow（白色）$$

课后练习

1. 下列气体中易溶于水的是（　　）。

A. H_2　　B. O_2　　C. Cl_2　　D. HCl

2. 关于 H_2O_2 的性质描述正确的是（　　）。

A. 只有氧化性　　B. 只有还原性

C. 既有氧化性，又有还原性　　D. 很稳定，不分解

3. 关于氨的叙述，错误的是（　　）。

A. 是一种制冷剂　　B. 可以在空气中燃烧

C. 极易溶于水　　D. 水溶液显碱性

4. 硫化氢的水溶液在空气中放置一段时间后会出现浑浊，试解释原因。

*5.4 氮、磷、砷及其化合物

一、氮及其化合物

1. 氮

氮主要以单质存在于大气中，约占空气体积的78%。工业上以空气为原料大量生产氮气。除土壤中含有一些铵盐、硝酸盐外，氮很少以无机化合物的形式存在于自然界。而氮普遍存在于有机体中，是组成动植物体蛋白质和核酸的重要元素。

在常温常压下，氮气的化学性质很不活泼，跟大多数物质不起反应，氮气常用来隔离周围空气，保护那些暴露于空气中易被氧化的物质和具有挥发性易燃烧的液体，作化学反应的介质气体。农用氮气充填粮仓可达到安全长期保管粮食的目的。液态氮可做制冷剂。

2. 氨

工业上氨的制备是用氮气和氢气在高温高压和催化剂存在下合成的：

$$N_2+3H_2 \xrightarrow[\text{高温高压}]{\text{催化剂}} 2NH_3$$

在实验室常用铵盐和碱共热来制备氨：

$$(NH_4)_2SO_4+2NaOH = 2NH_3\uparrow+Na_2SO_4+2H_2O$$

氨是碱性物质，在常温下是一种无色有刺激性气味的气体，极易溶于水，其水溶液称为氨水，液氨本身也是一种良好的溶剂。

取两根玻璃棒，分别蘸取浓氨水和浓盐酸，使两根玻璃棒靠近。会发现玻璃棒周围产生了大量的白烟（图5-1）。这是浓盐酸挥发出的氯化氢气体和氨水挥发出的氨气反应，生成了微小的氯化铵晶体：

$$NH_3+HCl = NH_4Cl$$

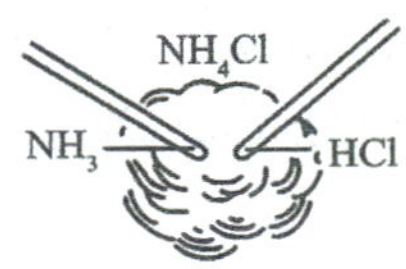

图5-1 浓氨水和浓盐酸反应冒白烟

3. 铵盐

铵盐是氨与酸进行化合反应得到的产物，铵盐中均含有NH_4^+。铵盐一般为无色晶体，是强电解质，易溶于水，加热易分解：

$$NH_4Cl \xlongequal{\triangle} NH_3\uparrow+HCl\uparrow$$

$$(NH_4)_2SO_4 \xlongequal{\triangle} NH_3\uparrow+NH_4HSO_4$$

$$2NH_4NO_3 \xlongequal{\triangle} 2N_2\uparrow+O_2\uparrow+4H_2O$$

4. 氮的含氧酸及其盐

亚硝酸（HNO_2）很不稳定，仅存在于冷的稀溶液中，是较弱的酸。

亚硝酸盐（除 $AgNO_2$ 外）一般易溶于水。亚硝酸盐都有毒性，是无机致癌物质。亚硝酸及其盐既有氧化性又有还原性：

$$2NO_2^-+2I^-+4H^+ = 2NO+I_2+2H_2O$$

$$2MnO_4^-+5NO_2^-+6H^+ = 2Mn^{2+}+5NO_3^-+3H_2O$$

硝酸（HNO_3）是重要的无机酸之一，在工农业生产中有极重要的作用。硝酸可通过氨的催化氧化制得：

$$4NH_3+5O_2 \xlongequal[700\sim900\ ℃]{Rt-Rh} 4NO+6H_2O$$

$$2NO+O_2 = 2NO_2$$

$$3NO_2+H_2O = 2HNO_3+NO$$

硝酸是无色液体，沸点较低（86 ℃），易挥发，和水可以任意比例互溶，86% 以上的硝酸有发烟现象，受热易分解产生 NO_2 而呈黄色，宜在棕色瓶中避光贮存。

硝酸是强酸，具有强氧化性，且根据酸的浓度不同，氧化性不同。活泼金属同硝酸作用生成一层致密的氧化膜，阻止继续氧化，因此可用铁器盛装。浓硝酸与浓盐酸的混合物（体积比 1：3）称为王水，可溶解 Au、Pt 等贵金属。

黑火药：我国古代的伟大发明之一——黑火药是由 KNO_3（75%）、S（10%）、木炭（15%）组成的。

$$3Cu+8HNO_3(稀) \xlongequal{\triangle} 3Cu(NO_3)_2+2NO\uparrow+4H_2O$$

$$Cu+4HNO_3(浓) = Cu(NO_3)_2+2NO_2\uparrow+2H_2O$$

硝酸盐一般是硝酸作用于相应金属氧化物而制得的，大多数是无色的晶体，易溶于水。硝酸盐分解，因金属离子不同而有差异，规律为：活泼金属（指在金属活动顺序表中包括 Mg 及其以前的金属元素）硝酸盐分解产生亚硝酸盐和氧气：

$$2NaNO_3 = 2NaNO_2+O_2\uparrow$$

较活泼金属（指在金属活动顺序表中 Mg 后包括 Cu 及其以前的金属）硝酸盐分解为金属氧化物，二氧化氮、氧气：

$$2Pb(NO_3)_2 = 2PbO+4NO_2\uparrow+O_2\uparrow$$

不活泼的金属（指在金属活动顺序表中 Cu 以后的金属）硝酸盐分解为金属单质、二氧化氮、氧气：

$$2AgNO_3 = 2Ag+2NO_2\uparrow+O_2\uparrow$$

二、磷及其化合物

磷有多种同素异形体，常见的有白磷和红磷。白磷的化学性质活泼，易被氧化，在空气中能自燃，因此必须将其保存在水中。白磷是剧毒物质，0.1 g 即可使人死亡。红磷无毒，其化学性质比白磷稳定得多，室温下不与 O_2 反应，400 ℃以上才会燃烧。可将白磷在隔绝空气的条件下加热至 400 ℃时制得红磷。

磷酸（H_3PO_4）无挥发性、无氧化性、易溶于水，为三元中强酸。除大量用于生产各种磷肥外，在印刷业作去污剂，有机合成中作催化剂，食品工业用作酸性调味剂，在电镀、塑料工业中也有应用，它还是制备某些医药及磷酸盐的原料。

三、砷及其化合物

砷的氧化物 As_2O_3，俗称砒霜，是一种剧毒物质。H_3AsO_3 是一种以酸性为主的两性化合物，在溶液中的平衡为：

$$3H^{+}+AsO_3^{3-} \rightleftharpoons H_3AsO_3 \rightleftharpoons As^{3+}+3OH^{-}$$

H_3AsO_3 在中性或微碱性溶液中是强还原剂：

$$AsO_4^{3-}+3H_2O+2e^{-} \rightleftharpoons H_3AsO_3+4OH^{-}$$

课后练习

1. 硝酸是一种_______性强酸，和金属反应时一般生成________或_______气体，而不能生成_______气体，冷的浓硝酸可以用_______或_______制的容器盛放。硝酸的稳定性_______，浓硝酸见光或受热能够发生______，生成的______溶于硝酸而使溶液显示______色。

2. 下列各组物质中，常温下能够起反应产生气体的是（　　）。

A. 铁跟浓硫酸　　B. 铁跟浓硝酸

C. 铜跟稀硫酸　　D. 铜跟浓硝酸

5.5 碳、硅及其化合物

一、碳及其化合物

在自然界以单质状态存在的碳是金刚石和石墨，以化合物形式存在的碳有煤、石油、天然气、碳酸盐、二氧化碳等，动植物体内也含有碳。

金刚石和石墨是碳的最常见的两种同素异形体。常温下碳不活泼，但加热时可与氢、氧、硫、酸、碱以及其他若干金属化合。碳在空气中加热时生成 CO_2 并放出大量热，空气不足时生成 CO。

$$C+O_2 \xlongequal{\triangle} CO_2$$

1. 一氧化碳

一氧化碳是无色无味的气体，密度比空气略轻，不溶于水。一氧化碳有毒，当吸入一氧化碳后，它易和人体血液中的血红蛋白化合，使血红蛋白失去输送氧气的能力，引起中毒，俗称“煤气中毒”。碳和含碳的有机物在高温和氧气不足的条件下燃烧时，会生成一氧化碳。工业上生成一氧化碳一般采用高温下燃烧碳生成二氧化碳，二氧化碳再和灼热的碳反应生成一氧化碳。或在高温下让碳和水蒸气反应生成一氧化碳：

$$C+O_2 \xlongequal{\triangle} CO_2$$

$$CO_2+C \xlongequal{\triangle} CO$$

$$C+H_2O \xlongequal{\triangle} CO+H_2$$

一氧化碳有强的还原性，在冶金工业中用于冶炼金属：

$$Fe_2O_3+3CO \xlongequal{高温} 2Fe+3CO_2$$

2. 二氧化碳

二氧化碳是无色、无味和不助燃的气体，比空气重。二氧化碳在常温下不活泼，遇水可生成弱酸：

$$CO_2+H_2O \rightleftharpoons H_2CO_3$$

CO_2 用作冷冻剂、灭火剂，也是生产小苏打、纯碱和肥料（碳酸氢铵和尿素）的原料，在生产科研中 CO_2 常用作惰性介质。

3. 碳酸及碳酸盐

二氧化碳溶于水生成碳酸。碳酸是二元弱酸。碳酸可形成两种类型的盐：碳酸盐和碳酸氢盐。碱金属（锂除外）和铵的碳酸盐易溶于水，其他金属的碳酸盐难溶于水。

碳酸盐热稳定性较差，高温时分解：

$$CaCO_3 \xlongequal{\triangle} CaO+CO_2\uparrow$$

$$2NaHCO_3 \xlongequal{423\ K} Na_2CO_3+CO_2\uparrow+H_2O$$

二、硅及其化合物

1. 硅

硅在地壳中含量仅次于氧，分布很广，主要以二氧化硅和硅酸盐形态存在。高纯的单晶硅是重要的半导体材料。

硅在常温下不活泼（与 F_2 的反应除外）。高温下硅的反应活性增强，它与氧、水汽反应生成 SiO_2；与卤素、N、C、S 等非金属作用，生成相应的二元化合物。硅能与强碱、氟和强氧化剂反应生成相应的化合物 Na_2SiO_3，SiF_4 和 SiO_2：

$$Si+2NaOH+H_2O \xlongequal{\triangle} Na_2SiO_3+2H_2\uparrow$$

$$Si+2F_2(\text{气体}) = SiF_4\uparrow$$

$$3Si+2Cr_2O_7^{2-}+16H^+ = 3SiO_2\downarrow+4Cr^{3+}+8H_2O$$

硅不溶于盐酸、硫酸、硝酸和王水，但可与氢氟酸缓慢作用。

2. 硅的含氧化物

硅的常见氧化物是二氧化硅 SiO_2。SiO_2 的化学性质很不活泼，氢氟酸是唯一可以使其溶解的酸，形成四氟化硅或氟硅酸：

$$SiO_2+4HF = SiF_4+2H_2O$$

$$SiF_4+2HF = H_2SiF_6$$

SiO_2 不溶于水，但与碱共熔转化为硅酸盐：

$$SiO_2+2NaOH = Na_2SiO_3+H_2O$$

与 Na_2CO_3 共熔也得到硅酸盐：

$$SiO_2+Na_2CO_3 = Na_2SiO_3+CO_2\uparrow$$

3. 硅酸

可溶性硅酸盐与酸作用生成硅酸：

$$SiO_3^{2-}+2H^+ = H_2SiO_3$$

硅酸不溶于水，有多种组成，习惯上把 H_2SiO_3 称为硅酸。硅酸是二元弱酸，其酸性比碳酸弱得多。

课后练习

1. 能溶解单质硅的是（　　）。

A. 氢氧化钠溶液　　B. 盐酸

C. 硫酸　　D. 氨水

2. 下列酸性氧化物中，不能与水直接反应生成对应酸的是（　　）。

A. CO_2　　B. SO_2　　C. SiO_2　　D. SO_3

第6章 重要的金属及其化合物

在已经发现的100多种元素中，超过4/5为金属元素，它们位于元素周期表的大部分区域内。图6-1中的阴影部分表示金属元素。

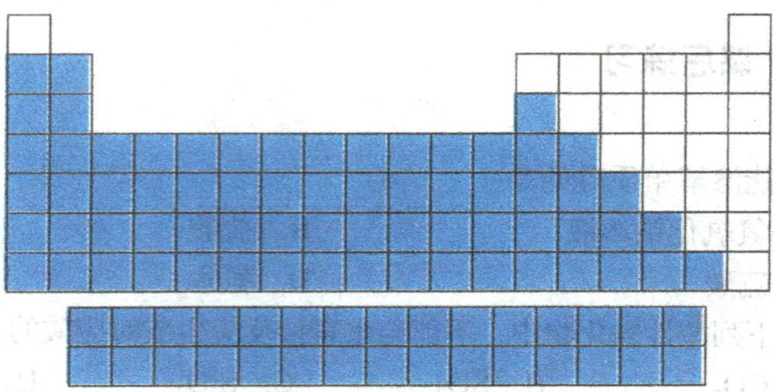

图6-1　金属元素在元素周期表中的分布

金属在工农业生产、国防科技和日常生活中起着非常重要的作用，在各行各业都得到广泛的应用。

金属的性质差别很大，人们对于金属的分类方法也较多（表 6-1）。

表 6-1　金属的分类方法

分类依据	金属的种类	
金属颜色	黑色金属（铁、铬、锰及它们的合金）	有色金属（铁、铬、锰以外的金属）
金属密度	轻金属（密度小于 4.5 g/cm^3 的金属）	重金属（密度大于 4.5 g/cm^3 的金属）
金属含量	常见金属（如铝、铁、铜）	稀有金属（如铷、钽、锆、铌等）

学习目标：

1. 能够归纳金属元素性质的相似性与递变性规律；
2. 能够叙述钠、钾单质的重要理化性质，分析其重要化合物的主要性质及在生产生活中的应用；
3. 能够归纳总结镁、钙、钡的亶要化合物及其主要性质；
4. 能够归纳总结铜、铝、银、锌、汞的重要化合物及其主要性质；
5. 能够归纳总结铬、锰、铁、锡、铅的重要化合物及其主要性质。

*6.1　金属元素通论

在人类已经发现的一百多种元素里，大约有 4/5 是金属元素。在元素周期表里，金属元素位于每个周期的前部。

金属在自然界里分布很广，无论在矿物、动植物中，还是在自然界水域中，都可以发现金属元素的存在。各种金属的活泼性相差很大，在自然界中存在形式各异，但也有不少共性。例如，大多数金属具有金属光泽，有一定的导电性、导热性，有不同程度的延展性，有一定的金属强度、硬度、密度和恒定的熔、沸点。同时，它们也表现出一定的化学性质。都易失去最外层电子形成金属阳离子，因而表现出较强的还原性。

在自然界中，金属元素绝大多数以化合态形式存在于各种矿石中，只有少数金属以游离态存在。

一、金属的共性和金属键

金属具有较多的共性（表 6-2）和特性。

表 6-2　　　　　　　　金属的共性

金属的共性	表现形式	说明
金属光泽	除金、铜、铋等少数金属具有特殊颜色外，其余金属均为银白色或灰色	当金属以粉末状态存在时，呈现黑色或灰暗色（镁、铝除外）
延展性	可以被锻打成型、压成薄片或抽成细丝等 金的延展性最好	锑、铋、锰等，敲打时易碎成小块
导电导热性	是电和热的良导体。排在前四位的是 Ag、Cu、Au、Al	铜和铝常被用作输电线

金属具有共性是因为在金属的晶体内部存在着一种特殊的化学键——金属键。金属元素原子结构的特点是最外层电子数较少，一般为 1～3 个（少数除外），这些电子容易失去，使金属内部交替排列金属原子和金属阳离子，在金属原子和金属阳离子之间存在着从金属原子上脱落下来的能够自由移动的电子——自由电子。自由电子在运动过程中遇到金属阳离子又会结合形成金属原子，金属原子中的电子在外界能量和金属阳离子的作用下失去电子成为自由电子，这种过程不断循环，使金属原子和金属阳离子紧密结合在一起。这种通过自由电子的运动，使金属原子和金属阳离子相互连接在一起的化学键，叫作**金属键**。

金属键不同于共价键，它不能够形成共用电子对；金属键不同于离子键，金属阳离子周围不被异性电荷所包围。金属晶体中的自由电子不专属于某些金属阳离子，它们为许多金属离子所共有。由于自由电子没有离开金属晶体，所以整个金属是电中性的。

二、金属活动顺序

金属的化学性质的特点是在化学反应中容易失去最外层电子而被氧化，金属在反应中作为还原剂。各种金属失去电子的能力是不相同的，越容易失去电子的金属，它们的化学性质越活泼，还原能力也越强。金属的化学性质主要表现在以下几个方面。

1. 大多数金属能够和氧气、卤素等非金属化合

$$2Mg+O_2 \xrightarrow{点燃} 2MgO$$

$$2Fe+3Cl_2 \xrightarrow{点燃} 2FeCl_3$$

$$Cu+S \xrightarrow{\triangle} CuS$$

2. 较活泼的金属既能够从稀酸中置换出氢气，也能够从盐溶液中将较不活泼的金属置换出来

$$Zn+2HCl \xlongequal{} ZnCl_2+H_2\uparrow$$

$$Fe+CuSO_4 \xlongequal{} Cu+FeSO_4$$

根据金属的化学性质可以得出结论：金属单质越活泼，越容易失去电子而被氧化，它的离子就越不容易得到电子而被还原；金属单质越不活泼，越难以失去电子被氧化，它的离子就越容易得到电子而被还原。

常见金属的化学性质及金属活动顺序关系见表 6-3。

表 6-3 常见金属的化学性质及金属活动顺序关系

<table>
<tr><th>金属活动顺序</th><th>K</th><th>Ca</th><th>Na</th><th>Mg</th><th>Al</th><th>Mn</th><th>Zn</th><th>Cr</th><th>Fe</th><th>Ni</th><th>Sn</th><th>Pb</th><th>H</th><th>Cu</th><th>Hg</th><th>Ag</th><th>Pt</th><th>Au</th></tr>
<tr><td>原子失去电子能力</td><td colspan="18">逐 渐 减 弱 →</td></tr>
<tr><td>离子获得电子能力</td><td colspan="18">逐 渐 增 强 →</td></tr>
<tr><td>在空气中与氧气反应能力</td><td colspan="3">易氧化</td><td colspan="8">常温时能被氧化</td><td>—</td><td colspan="2">加热时被氧化</td><td colspan="3">不被氧化</td></tr>
<tr><td>和水作用</td><td colspan="3">常温时能置换出氢</td><td colspan="8">加热（或高温）时能够置换出水（或水蒸气）中的氢</td><td>—</td><td colspan="5">不能置换出水中的氢</td></tr>
<tr><td>和酸作用</td><td colspan="11">能够置换出稀酸中的氢</td><td>—</td><td colspan="5">不能置换出稀酸中的氢</td></tr>
<tr><td>自然界中的存在</td><td colspan="11">只能以化合态存在</td><td>—</td><td colspan="3">化合态存在</td><td colspan="2" rowspan="2">游离态存在</td></tr>
<tr><td>金属冶炼的方法</td><td colspan="5">电解熔融化合物</td><td colspan="8">高温化学还原法</td><td colspan="2">热分解法</td></tr>
<tr><td>金属活动顺序</td><td>K</td><td>Ca</td><td>Na</td><td>Mg</td><td>Al</td><td>Mn</td><td>Zn</td><td>Cr</td><td>Fe</td><td>Ni</td><td>Sn</td><td>Pb</td><td>H</td><td>Cu</td><td>Hg</td><td>Ag</td><td>Pt</td><td>Au</td></tr>
</table>

三、金属的冶炼

金属冶炼就是从矿石制取金属的化学过程。由于绝大多数金属以化合态形式存在，冶炼金属的过程就是利用氧化还原反应使矿石中的金属阳离子得到电子，还原成金属单质。金属阳离子获得电子的能力不同，金属的冶炼就有不同的方法。

1. 电解还原法

金属活泼顺序在 Al（包括 Al）以前的金属，金属阳离子得到电子的能力很弱，只能采用电解的方法冶炼。一般电解它们的熔融化合物。

$$2NaCl（熔融）\xrightarrow{电解} 2Na+Cl_2\uparrow$$

$$2Al_2O_3（熔融）\xrightarrow{电解} 4Al+3O_2\uparrow$$

2. 高温化学还原法

金属活泼顺序在 Al 和 Hg 之间的金属，一般采用加入还原剂和矿石共热，将金属还原出来。常用的还原剂包括 C、CO、H_2 和活泼金属 Al、Mg 等。

如将 CuO 和 C 共热可以得到 Cu：

$$CuO+C \xrightarrow{\triangle} Cu+CO\uparrow$$

在高炉中用 CO 将铁矿石的铁还原出来：

$$FeO+3CO \xrightarrow{高温} 2Fe+3CO_2\uparrow$$

还原 Mn、Cr、Ti 等高熔点的金属时，一般采用活泼金属：

$$TiCl_4+2Mg \xrightarrow{高温} Ti+2MgCl_2$$

3. 热分解法

金属活泼顺序在 Hg 及以后的金属的氧化物或硫化物，在空气中加热时即可分解得到金属单质。

$$HgS+O_2 \xrightarrow{高温} Hg+SO_2\uparrow$$

金属在人类社会的发展进程中，一直起着非常重要的作用。金属材料对于促进生产发展，改善人类生活，发挥了巨大的作用。

课后练习

1. 金属冶炼的方法有哪些？各适用于哪些金属？各举一例说明。
2. 金属的通性表现在哪些方面？

6.2 钠、钾及其化合物

由于化学性质活泼，钠和钾在自然界中不可能以单质存在。钠和钾的丰度较高，其主要来源为岩盐（NaCl）、海水、天然氯化钾、光卤石（$KCl \cdot MgCl_2 \cdot 6H_2O$）等。

一、钠和钾

图 6-2 切割金属钠

钠和钾位于元素周期表的ⅠA 族，钠和钾的氢氧化物是典型的“碱”。钠和钾都是具有金属光泽的银白色金属，它们的物理性质的主要特点是：轻、软、低熔点，钠、钾的密度都小于 1 g/cm³，能浮在水面上，都是轻金属，硬度很小，可以用刀子切割（图 6-2），它们的熔点、沸点都较低。

钾钠合金可作为核反应中的热交换介质。将碱金属的真空光电管安装在宾馆或会堂的自动开关的门上，当光照射时，由光电效应产生电流，通过一定装置形成电流，使门关上。当人走在自动门附近时，遮住了光，光电效应消失，电路断开，门就会自动打开。

钠和钾是活泼的金属元素，具有很高的反应活性，在常温下就迅速同空气、水等反应（图 6-3、图 6-4），因此需将它们储存在煤油中。钠和钾与水剧烈作用产生氢气并放出热：

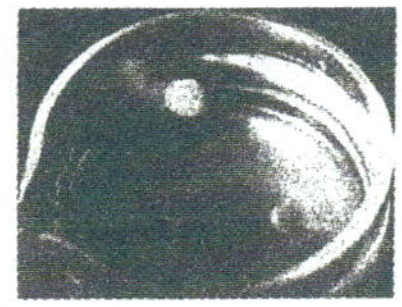
图 6-3　钠和水的反应

$$2Na+2H_2O = 2NaOH+H_2\uparrow$$

$$2K+2H_2O = 2KOH+H_2\uparrow$$

钠和钾有很强的还原性，工业上采用热还原法，在 850 ℃以上用金属钠还原氯化钾得到金属钾：

$$Na（气体）+KCl（液体）\rightleftharpoons NaCl（液体）+K（气体）$$

由于钾的沸点比钠的沸点低，钾比钠更容易气化。随着钾蒸气的不断逸出，平衡不断向右移动，可以得到含少量钠的金属钾，再经过蒸馏可得到纯度为 99% ~ 99.99% 的钾。

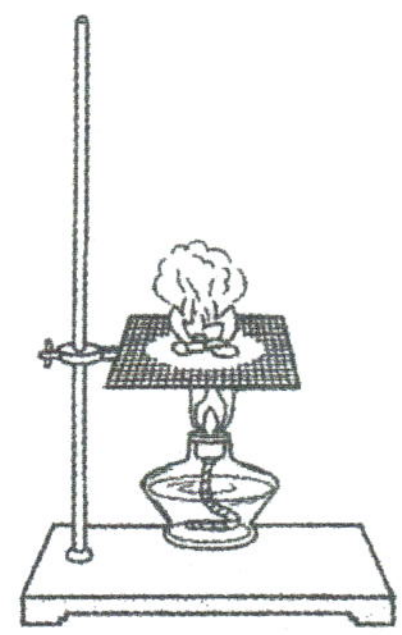
图 6-4　钠的燃烧

二、化合物

1. 氧化物

钠和钾在过量空气中燃烧，可以生成三种类型的氧化物：普通氧化物 Na_2O，K_2O；过氧化物 Na_2O_2，K_2O_2；超氧化物 NaO_2，KO_2。

Na_2O_2 最有实用意义。Na_2O_2 是黄色粉末，它与水或稀酸作用生成 H_2O_2，H_2O_2 进而分解产生 O_2：

$$Na_2O_2+2H_2O = H_2O_2+2NaOH$$

$$Na_2O_2+H_2SO_4（稀）= H_2O_2+Na_2SO_4$$

$$2H_2O_2 = O_2\uparrow+2H_2O$$

在潮湿的空气中，Na_2O_2 吸收 CO_2 放出 O_2：

$$2Na_2O_2+2CO_2 = 2Na_2CO_3+O_2\uparrow$$

故 Na_2O_2 可广泛用作氧气发生剂和漂白剂，也可作为高空飞行和潜水时的供氧剂。

超氧化钾 K_2O 是很强的氧化剂，与 H_2O 或 CO_2 反应能生成 O_2：

$$2KO_2+2H_2O = H_2O_2+2KOH+O_2\uparrow$$

$$4KO_2+2CO_2 = 2K_2CO_3+3O_2$$

因此 KO_2 是很好的供氧剂，常用于急救中。

2. 氢氧化物

NaOH和KOH都是白色固体，在空气中吸水潮解，所以固体NaOH是常用的干燥剂。NaOH和KOH对纤维和皮肤有强烈的腐蚀作用，故称为苛性碱。熔融的苛性碱会侵蚀玻璃和瓷器，NaOH和KOH不仅能在溶液中和酸进行反应生成水和盐，而且也能和气态的酸性物质反应，例如，常用NaOH除去气体中的酸性物质，如CO_2、SO_2、NO_2、H_2S等。

NaOH还与非金属硼和硅反应：

$$2B+2OH^-+2H_2O = 2BO_2^-+3H_2\uparrow$$

$$Si+2OH^-+H_2O = SiO_3^{2-}+2H_2\uparrow$$

3. 碳酸钠和碳酸氢钠

碳酸钠（Na_2CO_3）俗名纯碱或苏打，是白色粉末。碳酸钠晶体含结晶水，化学式为$Na_2CO_3\cdot 10H_2O$。在干燥空气里碳酸钠晶体很容易失去结晶水，并渐渐碎裂成粉末。失水以后的碳酸钠叫作无水碳酸钠。

碳酸氢钠（Na_2HCO_3）俗称小苏打，是一种细小的白色晶体。碳酸钠比碳酸氢钠容易溶解于水。

碳酸钠和碳酸氢钠都能与盐酸反应放出二氧化碳：

$$Na_2CO_3+2HCl = 2NaCl+H_2O+CO_2\uparrow$$

$$NaHCO_3+HCl = NaCl+H_2O+CO_2\uparrow$$

碳酸钠很稳定，而碳酸氢钠却不太稳定，受热容易分解：

$$2Na_2HCO_3 \overset{\triangle}{=} Na_2CO_{3+}H_2O+CO_2\uparrow$$

碳酸钠是化学工业的重要原料产品，有很多用途。它广泛地用于玻璃、制皂、造纸、纺织等工业中，也可用来制造钠的其他化合物。碳酸氢钠是焙制糕点所用的发酵粉的主要成分之一。在医疗上，它是治疗胃酸过多症的一种药剂。

4. 焰色反应

在日常生活中我们发现，当把少量食盐或盐水洒在炉火上时，火焰会呈黄色。事实上，很多金属，如锂、钾、钙、锶、钡、铜等以及它们的化合物在被灼烧时，都会使火焰呈现特殊的颜色，这在化学上叫作焰色反应。

节日夜晚燃放的五彩缤纷的焰火中，就含有某些金属或它们的化合物。当燃放时，各种金属的焰色反应使得夜空呈现出各种鲜艳的色彩，构成美丽的图案。

课后练习

1. 纯碱的化学式为（　　）。

A. Na_2CO_3　　B. $NaHCO_3$　　C. H_2CO_3　　D. NaOH

2. 如何鉴别 Na_2CO_3、$NaHCO_3$ 和 NaCl 三种物质？

3. 实验室存放 NaOH 和 Na_2O_2 时，为什么必须密闭保存？

4. 盛放 NaOH 溶液的玻璃瓶为什么不能使用磨口玻璃塞？

6.3 镁、钙、钡及其化合物

一、钙、镁、钡的单质

镁（Mg）、钙（Ca）、钡（Ba）是元素周期表中ⅡA族的元素，容易失去外层的电子而显强金属性，化学性质活泼，在自然界中不可能以单质存在，通常这些元素以难溶的碳酸盐存在，例如白云石（$CaCO_3\cdot MgCO_3$）、菱镁矿（$MgCO_3$）、方解石（$CaCO_3$）、石膏（$CaSO_4\cdot 2H_2O$）和重晶石（$BaSO_4$）等。镁、钙、钡金属具有金属光泽，有良好的导电性，其金属的密度、熔点和沸点较钠和钾高。

镁、钙、钡的单质是活泼的金属，它们都能与大多数非金属反应，如它们极易在空气中燃烧，能与卤素、硫、磷、氮和氢等直接作用形成相应的化合物。镁和钙常作为还原剂，例如：

$$2Mg+CO_2 \xlongequal{点燃} 2MgO+C$$

钙、钡同水反应生成氢氧化物并放出氢气，其反应方程式如下：

$$Ca+2H_2O \xlongequal{} Ca(OH)_2+H_2\uparrow$$

$$Ba+2H_2O \xlongequal{} Ba(OH)_2+H_2\uparrow$$

钙、钡同水反应比较平稳，镁的金属表面可以形成致密的氧化物保护膜，常温下它在水中稳定存在，在热水中可以缓慢地发生反应。

钙、钡都可溶于液氨中生成蓝色的还原性强的导电溶液。

镁的世界年产量在几十万吨以上，可以通过电解法和硅热还原法进行工业生产，钙、钡可以用其氯化物进行熔盐电解制得。

二、镁、钙、钡的化合物

镁、钙、钡与氧能形成正常氧化物、过氧化物、超氧化物。

镁、钙、钡金属的氢氧化物都是白色固体，在空气中易吸水而潮解，故固体 $Ca(OH)_2$ 常用作干燥剂。氢氧化镁、氢氧化钙、氢氧化钡分别为中强碱和强碱，它们中较重要的是氢氧化钙。$Ca(OH)_2$ 俗称熟石灰或消石灰，它可由 CaO 与水反应制得：

$$CaO+H_2O = Ca(OH)_2$$

镁、钙、钡金属的盐的溶解度小，而且不少是难溶的，例如，镁、钙、钡金属及其氟化物、碳酸盐、磷酸盐、铬酸盐等都是难溶盐。常见钙盐中以 CaC_2O_4 的溶解度为最小，因此常用生成白色的 CaC_2O_4 的沉淀反应来鉴定 Ca^{2+}。镁、钙、钡金属的硝酸盐、氯酸盐、高氯酸盐等均易溶。镁、钙、钡金属的硫酸盐、铬酸盐的溶解度差别较大，$BaSO_4$ 和 $BaCrO_4$ 是难溶的，$BaSO_4$ 甚至不溶于酸，因此可以用 Ba^{2+} 来鉴定 SO_4^{2-}。而 Ba^{2+} 的鉴定则常利用生成黄色 $BaCrO_4$ 沉淀的反应。

硫酸镁 $MgSO_4 \cdot 7H_2O$ 为白色晶体，受热脱水过程如下：

$$MgSO_4 \cdot 7H_2O \xrightarrow{77\ ℃} MgSO_4 \cdot H_2O \xrightarrow{247\ ℃} MgSO_4$$

硫酸镁易溶于水，微溶于乙醇，用于造纸、纺织、肥皂、陶瓷和油漆工业等。

二水硫酸钙 $CaSO_4 \cdot 2H_2O$ 俗称生石膏，受热脱水过程如下：

$$CaSO_4 \cdot 2H_2O \xrightarrow{120\ ℃} CaSO_4 \cdot \frac{1}{2}H_2O \xrightarrow{>400\ ℃} CaSO_4 \xrightarrow{\triangle} xCaSO_4 \cdot yCaO$$

熟石膏 $CaSO_4 \cdot \frac{1}{2}H_2O$ 可用于制造模型、塑像、粉笔和石膏绷带等。

硫酸钡 $BaSO_4$ 俗称重晶石，是制备其他钡类化合物的原料。$BaSO_4$ 是唯一无毒钡盐，由于它不溶于胃酸，不会使人中毒，同时它能强烈吸收 X 射线，可在医学上用于胃肠 X 射线透视造影。重晶石也可作白色涂料，在橡胶、造纸工业中作白色填料。

课后练习

1. 含有______的水称为硬水，______的水称为软水，由______和______组成的硬水称为暂时硬水，由______和______组成的硬水称为永久硬水。硬水软化的方法有______和______。

2. 盛放石灰水的试剂瓶的内壁上会产生一层污浊物，它是什么物质？能否用水洗涤干净？如何才能将其清除？写出其形成和清除的反应方程式。

6.4 铝、铜、银、锌、汞及其化合物

一、铝及其化合物

铝是地壳中分布最广的轻金属元素，为银白色，在空气中由于表面形成很薄的氧化膜而失去光泽。纯金属铝质轻、强度低，具有很好的导电性。

铝是比较活泼的金属，具有较强的还原性，能与非金属、酸等物质起反应，还可以与强碱溶液起反应：

$$4Al+3O_2 \xlongequal{点燃} 2Al_2O_3$$

$$2Al+6H^+ \xlongequal{} 2Al^{3+}+3H_2\uparrow$$

$$2Al+2NaOH+2H_2O \xlongequal{} 2NaAlO_2（偏铝酸钠）+3H_2\uparrow$$

常温下，在浓硫酸或浓硝酸里铝的表面被钝化，生成坚固的氧化膜，可以阻止反应的继续进行。因此，可以用铝制的容器装运浓硫酸或浓硝酸。

铝能将大多数金属氧化物还原为单质。当把某些金属的氧化物和铝粉的混合物灼烧时，便发生铝还原金属氧化物的剧烈反应，得到相应的金属单质，并放出大量的热。例如：

$$2Al+Fe_2O_3 \longrightarrow 2Fe+Al_2O_3$$

此反应称为铝热反应（图 6-5），可以应用在生产上，如用于焊接钢轨等。

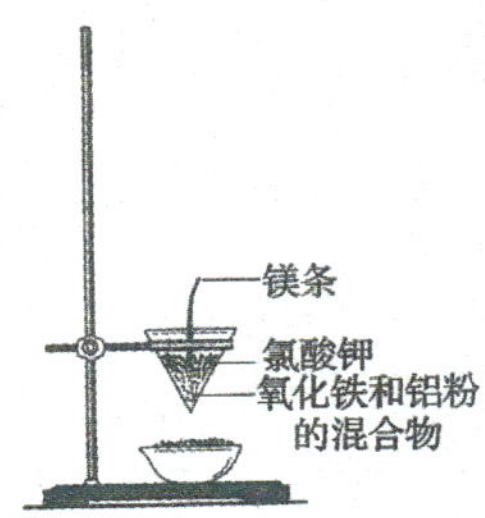

图 6-5 铝热反应的实验装置

氧化铝是一种白色难熔的物质，是冶炼金属铝的原料，也是一种比较好的耐火材料。氧化铝既能溶于酸，又能溶于碱溶液，是典型的两性氧化物：

$$Al_2O_3+6HCl \xlongequal{} 2AlCl_3+3H_2O$$

$$Al_2O_3+2NaOH \xlongequal{} 2NaAlO_2+H_2O$$

氢氧化铝是几乎不溶于水的白色胶状物质。它能凝聚水中悬浮物，又有吸附色素的性能。氢氧化铝在酸或强碱的溶液里都能溶解：

$$Al(OH)_3+3HCl = AlCl_3+3H_2O$$

$$Al(OH)_3+NaOH = NaAlO_2+2H_2O$$

硫酸铝钾 [$KAl(SO_4)_2$] 是两种不同的金属离子和一种酸根组成的化合物，它电离时能产生两种金属阳离子：

$$KAl(SO_4)_2 = K^++Al^{3+}+2SO_4^{2-}$$

十二水合硫酸铝钾 [$KAl(SO_4)_2 \cdot 12H_2O$] 的俗名是明矾。明矾水解产生的胶状 $Al(OH)_3$ 吸附能力强，可以吸附水里的杂质，并形成沉淀，使水澄清。所以明矾常用作净水剂。

二、铜、银及其化合物

在常温下，铜、银都是晶体，它们的硬度较小，熔、沸点较高，它们的延展性、导电性和导热性比较突出。在所有金属中，银的导电性最强，铜其次。铜、银、金也叫货币金属，用于制造货币和装饰品。

铜、银的活泼性较差，室温下看不出它们与氧或水反应。银表面具有极强反光和杀菌能力，银与含有 H_2S 的空气接触时，表面因蒙上一层 Ag_2S 而发暗，这是银币和银首饰变暗的原因。在含有 CO_2 潮湿空气中，铜的表面会逐渐蒙上绿色的铜锈 [$Cu_2(OH)_2CO_3$]，银在潮湿的空气中不发生变化。在加热的情况下，只有铜与氧化合生成黑色的 CuO。铜、银即使在高温下也不与氢、氮或碳反应。

由于铜、银的活动顺序位于氢之后，它们不能从稀酸中置换出氢气。铜、银能溶于硝酸中，也能溶于热的浓硫酸中：

$$Cu+4HNO_3(浓) = Cu(NO_3)_2+2NO_2\uparrow+2H_2O$$

$$3Cu+8HNO_3(稀) = 3Cu(NO_3)_2+2NO\uparrow+4H_2O$$

$$Cu+2H_2SO_4(浓) = CuSO_4+SO_2\uparrow+2H_2O$$

铜通常有 Cu^+、Cu^{2+} 的化合物，Cu^{2+} 化合物较为常见。一般来说，在固态时，Cu^+ 的化合物比 Cu^{2+} 的化合物稳定。但在水溶液中，Cu^+ 容易被氧化为 Cu^{2+}，即水溶液中 Cu^{2+} 的化合物是稳定的，种类更多。

加热分解硝酸铜或碳酸铜可得黑色的 CuO。它不溶于水，但可溶于酸。CuO 的热稳定性很高，加热到 1 000 ℃才开始分解为暗红色的 Cu_2O：

$$4CuO \xrightarrow{1\,000\ ℃} 2Cu_2O+O_2\uparrow$$

加强碱于铜盐溶液中，可析出浅蓝色 $Cu(OH)_2$ 沉淀，$Cu(OH)_2$ 受热易脱水变成 CuO：

$$Cu^{2+}+2OH^- \longrightarrow Cu(OH)_2\downarrow$$

$$Cu(OH)_2 \xrightarrow{\triangle} CuO+H_2O$$

$Cu(OH)_2$显微弱的两性，易溶于酸，也能溶于浓的强碱。

用热的浓硫酸溶解铜屑，经蒸发浓缩而制得的蓝色晶体$CuSO_4 \cdot 5H_2O$，俗称胆矾。无水$CuSO_4$为白色粉末，易溶于水，吸水性强，吸水后显示特征的蓝色。通常利用这一性质检验乙醇或乙醚中是否含水，并可借此除去微量水。

在银的化合物中，除$AgNO_3$、AgF、$AgClO_4$易溶，Ag_2SO_4微溶外，其他银盐大都难溶于水。这是银盐的一个重要特点。

$AgNO_3$是最重要的可溶性银盐，可由单质与硝酸作用制得：

$$Ag+2HNO_3(浓) = AgNO_3+NO_2\uparrow+H_2O$$

$$3Ag+4HNO_3(稀) = 3AgNO_3+NO\uparrow+2H_2O$$

固体$AgNO_3$受热分解：

$$2AgNO_3 = 2Ag+2NO_2\uparrow+O_2\uparrow$$

如果见光，$AgNO_3$也会按上式分解，故应将其保存在棕色玻璃瓶中。

$AgNO_3$具有氧化性，在水溶液中可被Cu、Zn等金属还原为单质。遇微量有机物也即刻被还原为单质。皮肤或工作服沾上$AgNO_3$会逐渐变成紫黑色。它有一定的杀菌能力，对人体有腐蚀作用。

$AgNO_3$主要用于制造照相底片上的卤化银，它也是一种重要的分析试剂。医药上常用它作消毒剂和腐蚀剂。

卤化银中只有AgF易溶于水，其余的卤化银均难溶于水。硝酸银与可溶性卤化物反应，生成不同的卤化银沉淀：

$$AgNO_3+NaCl = AgCl\downarrow(白色)+NaNO_3$$

$$AgNO_3+NaBr = AgBr\downarrow(浅黄色)+NaNO_3$$

$$AgNO_3+NaI = AgI\downarrow(黄色)+NaNO_3$$

卤化银有感光性，见光立即分解：

$$2AgX \xrightarrow{日光} Ag+X_2$$

所以卤化银可用作照相底片上的感光物质，也可将易于感光变色的卤化银加进玻璃以制造有色眼镜。

三、锌、汞及其化合物

锌、汞都是银白色金属，汞是常温下唯一的液体金属。汞的密度大（13.546 g/cm^3），蒸气压又低，可以用来制造压力计。锌、镉、铜、银、金、钠、钾等金属易溶于汞中形成合金，称为汞齐。汞齐中的其他金属仍保留着这些金属原有的性质。

一般来说，锌、汞在干燥的空气中化学性质稳定。在有 CO_2 存在的潮湿空气中，锌的表面常生成一层薄膜保护锌不被继续氧化。锌在空气中加热到足够高的温度时能燃烧起来，产生蓝色的火焰，生成 ZnO。工业常用燃烧锌的方法来制 ZnO。在空气中加热汞时能生成 HgO（红色）。当温度超过 400 ℃时，HgO 又分解为 Hg 和 O_2。汞与硫粉混合不必加热就容易生成 HgS。锌与硫粉在加热时才生成硫化物。在室温下，汞的蒸气与碘的蒸气相遇时能生成 HgI_2，因此可以把碘升华为气体，以除去空气中的汞蒸气。

锌与铝相似，具有两性，既可溶于酸，也可溶于碱：

$$Zn+2H^+ \longrightarrow Zn^{2+}+H_2\uparrow$$

$$Zn+2OH^-+2H_2O \longrightarrow Zn(OH)_4^{2-}+H_2\uparrow$$

锌与氧直接化合得到白色粉末状 ZnO，俗称锌白。ZnO 显两性，微溶于水，溶于酸、碱。

ZnO 大量用作橡胶填料及油漆颜料，医药上用它制软膏、锌糊、橡皮膏等，对皮肤能起止血收敛作用。

在锌盐溶液中，加入适量的碱可析出 $Zn(OH)_2$ 沉淀，$Zn(OH)_2$ 也显两性，溶于酸、碱：

$$Zn(OH)_2+2H^+ = Zn^{2+}+2H_2O$$

$$Zn(OH)_2+2OH^- = Zn(OH)_4^{2-}$$

在 $ZnSO_4$ 溶液中加入 BaS 时，生成 ZnS 和 $BaSO_4$ 的混合沉淀物：

$$Zn^{2+}+SO_4^{2-}+Ba^{2+}+S^{2-} \longrightarrow ZnS\cdot BaSO_4\downarrow$$

此沉淀叫作锌钡白，俗称立德粉，是一种较好的白色颜料，没有毒性，在空气中比较稳定。

汞的化合物中无论是 Hg^+ 或 Hg^{2+} 化合物，难溶于水的化合物较多，易溶于水的汞化合物都是有毒的。

如果温度计或气压计不慎被打破，水银洒落，可以用铝箔尽可能将大的汞滴收集起来放入盛有水的容器中，再在可能有汞的地方撒上硫黄粉，以消除汞蒸气的污染。

氧化汞有黄色和红色两种变体，分别可由湿法和干法制得：

$$Hg^{2+}+2OH^- \longrightarrow HgO\downarrow（黄色）+H_2O$$

$$2Hg(NO_3)_2 \xrightarrow{300\sim330\ ℃} 2HgO（红色）+4NO_2\uparrow+O_2\uparrow$$

黄色的氧化汞受热即变成红色的氧化汞。它们都不溶于水，也不溶于碱。500 ℃时分解为金属汞和氧气：

$$2HgO \xrightarrow{\triangle} 2Hg+O_2\uparrow$$

氯化汞是在过量的氯气中加热金属汞而制得的：

$$Hg+Cl_2 \xrightarrow{\triangle} HgCl_2$$

在酸性溶液中，$HgCl_2$ 是较强的氧化剂，与适量 $SnCl_2$ 作用，$HgCl_2$

被还原为白色的 Hg_2Cl_2；$SnCl_2$ 过量时，则析出黑色的金属汞：

$$2HgCl_2+Sn^{2+}+4Cl^- \longrightarrow Hg_2Cl_2\downarrow（白色）+[SnCl_6]^{2-}$$

$$Hg_2Cl_2+Sn^{2+}+4Cl^- \longrightarrow 2Hg\downarrow（黑色）+[SnCl_6]^{2-}$$

氯化亚汞可由金属汞和固体 $HgCl_2$ 研磨而得：

$$HgCl_2+Hg \longrightarrow Hg_2Cl_2$$

Hg_2Cl_2 见光分解（上式的逆过程），故应保存在棕色瓶中。

Hg_2Cl_2 在化学上常用于制作甘汞电极，在医药上曾用作轻泻剂。

硝酸汞 $Hg(NO_3)_2$ 和硝酸亚汞 $Hg_2(NO_3)_2$ 均易溶于水。$Hg(NO_3)_2$ 可用 HgO 或 Hg 与硝酸作用制取：

$$HgO+2HNO_3 \longrightarrow Hg(NO_3)_2+H_2O$$

$$Hg+4HNO_3（浓）\longrightarrow Hg(NO_3)_2+2NO_2+2H_2O$$

$Hg(NO_3)_2$ 与 Hg 作用可制取 $Hg_2(NO_3)_2$：

$$Hg(NO_3)_2+Hg \longrightarrow Hg_2(NO_3)_2$$

课后练习

1. 把钠、镁、铝各 0.1 g，分别与足量的盐酸反应，反应后（　　）。

A. 钠与酸反应产生的氢气体积最大

B. 铝与酸反应产生的氢气体积最大

C. 镁与酸反应产生的氢气体积最大

D. 三种金属与酸反应产生的氢气体积相同

2. 下列金属既能与稀盐酸反应，又能与氢氧化钠溶液反应的是（　　）。

A. Mg　　B. Al　　C. Cu　　D. Fe

3. 填空题

（1）在硫酸铜溶液中放入几颗铁钉，充分反应后，铁钉有剩余，此时溶液的颜色为______，溶液中含量最多的阳离子是______，铁钉上附有一层______色的____________________。

（2）青铜是______的合金，黄铜是______的合金，白铜是______的合金。生铁和钢主要是______的合金，生铁含______的量______，钢含_____的量______。汞齐是______的合金，钠汞齐是______的合金。

（3）常温下为液态的金属是_____，俗称“克罗米”的金属是__________，地壳中含量最多的金属是_____，可作为干电池外壳的金属是______。

4. 实验室如何保存$AgNO_3$？

5. 铝比铜活泼，为什么浓硝酸能溶解铜而不能溶解铝？

*6.5 铬、锰、铁、锡、铅及其化合物

一、铬及其化合物

铬（Cr）是长周期表ⅥB族的第一个元素，在自然界中主要以铬铁矿形式存在，具有银白色光泽，熔点高。在所有金属中，铬的硬度最大。由于铬具有高硬度、耐磨、耐腐蚀等优良性能，常用于制作合金钢、不锈钢（含Cr12%～18%）以及金属制品的电镀层。

铬在空气或水中十分稳定，这是由于金属表面生成了一层致密的氧化膜。铬可溶于稀的非氧化性酸中，而在HNO_3中钝化。铬溶于盐酸，先呈现蓝色（Cr^{2+}），随即被空气氧化，呈现绿色（Cr^{3+}）：

$$Cr+2HCl \longrightarrow CrCl_2+H_2\uparrow$$

$$4CrCl_2+O_2+4HCl \longrightarrow 4CrCl_3+2H_2O$$

Cr_2O_3是冶炼铬的原料，是一种绿色颜料，广泛用于陶瓷、玻璃制品的着色。

通过加热分解铬酸铵可制得绿色的Cr_2O_3：

$$(NH_4)_2Cr_2O_7 \longrightarrow Cr_2O_3+N_2\uparrow+4H_2O$$

Cr_2O_3具有两性，既能溶于酸：

$$Cr_2O_3+3H_2SO_4 \longrightarrow Cr_2(SO_4)_3\text{（紫色）}+3H_2O$$

也能溶于强碱：

$$Cr_2O_3+2NaOH+3H_2O \longrightarrow 2Na[Cr(OH)_4]$$

铬（Ⅵ）盐有铬酸盐和重铬酸盐两类化合物。铬酸根（CrO_4^{2-}）呈黄色，重铬酸根（$Cr_2O_7^{2-}$）呈橙红色。

向铬酸盐溶液中加入酸，溶液由黄色变为橙红色，而向重铬酸盐溶液中加入碱，溶液由橙红色变为黄色。这表明在铬酸盐或重铬酸盐溶液中存在如下平衡：

$$2CrO_4^{2-}\text{（黄色）}+2H^+ \underset{OH^-}{\overset{H^+}{\rightleftharpoons}} Cr_2O_7^{2-}\text{（橙红色）}+H_2O$$

实验证明，当pH=11时，Cr（Ⅵ）几乎全部以CrO_4^{2-}形式存在；而当pH=1.2时，其几乎全部以$Cr_2O_7^{2-}$形式存在。

重铬酸盐大都易溶于水；而铬酸盐，除铬酸钾、铬酸钠、铬酸铵等外，一般都难溶于水。

重铬酸盐在酸性溶液中有强氧化性，能氧化 H_2S、H_2SO_3、KI、Fe_SO_4 等许多物质，本身被还原为 Cr^{3+}，例如：

$$Cr_2O_7^{2-}+3H_2S+8H^+ \longrightarrow 2Cr^{3+}-3S\downarrow+7H_2O$$

$$Cr_2O_7^{2-}+3SO_3^{2-}+8H^+ \longrightarrow 2Cr^{3+}+3SO_4^{2-}\downarrow+4H_2O$$

$$Cr_2O_7^{2-}+6Fe^{2+}+14H^+ \longrightarrow 2Cr^{3+}+6Fe^{3+}+7H_2O$$

在酸性溶液中，$Cr_2O_7^{2-}$ 还能氧化 H_2O_2：

$$Cr_2O_7^{2-}+3H_2O_2+8H^+ \longrightarrow 2Cr^{3+}+3O_2\uparrow+7H_2O$$

二、锰及其化合物

锰是一种较活泼的金属，锰与氧化合的能力较强，在空气中金属锰的表面被一层褐色的氧化膜所覆盖，使其不再继续被氧化。在高温时，锰能够同卤素、氧气、硫、硼、碳、硅、磷等直接化合。

锰主要用于钢铁工业中生产锰合金钢，在炼钢中有脱硫作用，由于生成 MnS 而将硫除去。

常温下，锰能缓慢地溶于水。锰与稀酸作用则放出氢气而形成配合物。锰也能在氧化剂存在下与熔融的碱作用生成锰酸盐：

$$2Mn+4KOH+3O_2 = 2K_2MnO_4+2H_2O$$

在加热的情况下，锰能与许多非金属反应。锰与氧反应生成 Mn_3O_4，与氟反应能生成 MnF_3 和 MnF_4，与其他卤素反应则生成 MnX_2 型卤化物。

MnO_2 为棕黑色粉末，是锰最稳定的氧化物，在酸性溶液中有强氧化性，例如：

$$MnO_2+4HCl（浓） = MnCl_2+Cl_2\uparrow+2H_2O$$

在实验室中常利用此反应制取少量氯气。

$KMnO_4$ 俗称灰锰氧，深紫色晶体，能溶于水，是一种强氧化剂。在酸性溶液及光的作用下，会缓慢地分解而析出 MnO_2：

$$4MnO_4^-+4H^+ = 4MnO_2\downarrow+3O_2\uparrow+2H_2O$$

光对此分解有催化作用，因此 $KMnO_4$ 必须保存在棕色瓶中。

$KMnO_4$ 的氧化能力随介质的酸性减弱而减弱，其还原产物也因介质的酸碱不同而变化。在酸性、中性（或微碱性）、强碱介质中的还原产物分别为 Mn^{2+}、MnO_2 及 MnO_4^{2-}。例如：

$$2MnO_4^-（紫色）+5SO_3^{2-}+6H^+ \longrightarrow 2Mn^{2+}（粉红色或无色）+5SO_4^{2-}+3H_2O$$

$$2MnO_4^-+3SO_3^{2-}+H_2O \longrightarrow 2MnO_2\downarrow（棕色）+3SO_4^{2-}+2OH^-$$

$$2MnO_4^-+SO_3^{2-}+2OH^- \longrightarrow 2MnO_4^{2-}（绿色）+SO_4^{2-}+H_2O$$

$KMnO_4$ 在化学工业中用于生产维生素 C、糖精等，在轻化工业中用于纤维、油脂的漂白和脱色，在医疗上用作杀菌消毒剂，在日常生活中可用于饮食用具、器皿、蔬菜、水果等消毒。

三、铁及其化合物

铁在地壳中的含量居第四位，在金属中仅次于铝。铁的主要矿石有赤铁矿 Fe_2O_3、磁铁矿 Fe_3O_4、黄铁矿 FeS_2 等。

铁为中等活泼的金属。纯铁（块状）在空气和水中是稳定的，但是一般的铁（含有杂质）在潮湿的空气中慢慢形成棕色的铁锈。铁能从非氧化性酸中置换出氢气。冷、浓硝酸可使铁钝化，因此贮运浓 HNO_3 的容器和管道可用铁制品。

铁是钢铁工业最重要的原材料。通常钢和铸铁都称为碳合金，一般含碳 0.02% ~ 2.0% 的称为钢，含碳大于 2% 的称为铸铁。

在加热的条件下，铁能与许多非金属剧烈反应。例如，在 150 ℃以上铁与 O_2 反应生成 Fe_2O_3 和 Fe_3O_4。铁不易与碱作用，能被热的浓碱所侵蚀。

铁的常见氧化物有红棕色的氧化铁 Fe_2O_3、黑色的氧化亚铁 FeO 和黑色的四氧化三铁 Fe_3O_4。它们都不溶于水，灼烧后的 Fe_2O_3 不溶于酸，FeO 能溶于酸，Fe_3O_4 是 Fe^{2+} 和 Fe^{3+} 的混合氧化物。

向 Fe^{2+} 和 Fe^{3+} 的溶液中加入强碱或氨水时，分别生成 $Fe(OH)_3$ 和 $Fe(OH)_2$ 沉淀。例如：

$$Fe^{3+}+3OH^- \longrightarrow Fe(OH)_3\downarrow$$

$$Fe^{2+}+2OH^- \longrightarrow Fe(OH)_2\downarrow$$

$Fe(OH)_3$ 为红棕色，纯的 $Fe(OH)_2$ 为白色。在通常情况下，由于从溶液中析出的 $Fe(OH)_2$ 迅速被空气中的氧氧化，往往看到先是部分被氧化的灰绿色沉淀，随后变为棕褐色，这是由于 $Fe(OH)_2$ 逐步被氧化为 $Fe(OH)_3$ 所导致的。只有在完全清除掉溶液中的氧时，才有可能得到白色的 $Fe(OH)_2$。

铁的卤化物以 $FeCl_3$ 应用较广。$FeCl_3$ 溶在有机溶剂中，长时间光照逐渐还原为 $FeCl_2$，有机溶剂则被氧化或氯化。例如，$FeCl_3$ 溶在乙醇中，光照后，乙醇被氧化为乙醛。

在酸性溶液中，Fe^{3+} 是中强氧化剂，它能把 I^-、H_2S、Fe、Cu 等氧化：

$$2Fe^{3+}+2I^{-} \longrightarrow 2Fe^{2+}+I_2$$

$$2Fe^{3+}+H_2S \longrightarrow 2Fe^{2+}+S+2H^{+}$$

$$2Fe^{3+}+Fe \longrightarrow 3Fe^{2+}$$

$$2Fe^{3+}+Cu \longrightarrow 2Fe^{2+}+Cu^{2+}$$

在酸性溶液中，空气中的氧也能把 Fe^{2+} 氧化为 Fe^{3+}。$FeSO_4$ 溶液放置时，常有棕黄色的混浊物出现，就是 Fe^{2-} 被空气中的氧氧化为 Fe^{3+}，Fe^{3+} 又水解产生的。

四、锡、铅及其化合物

锡和铅的主要矿石是锡石（SnO_2）和方铅矿（PbS）。铅为暗灰色，重而软的金属。锡为银白色硬度居中的金属，它有较好的延展性。

锡和铅从金属单质到化合物都有广泛的用途，金属主要用于制合金，例如焊锡为含 Sn 与 Pb 的低熔点合金。青铜为 Cu、Pb 和 Sn 的合金，用于制日用品器件、工具及武器。此外，Sn 被大量地用于制锡箔和作金属镀层，Pb 则用于制铅蓄电池、电缆、化工方面的耐酸设备等。

锡和铅属于中等活泼金属。在通常条件下，空气中的氧只对铅作用，在铅表面生成一层氧化铅或碳酸铅，使铅失去金属光泽而不至于进一步被氧化。空气中的氧对锡无影响。锡和铅在高温下与氧反应生成氧化物，锡和铅能同卤素和硫生成卤化物和硫化物。锡与水反应，被用来镀在某些金属表面以防锈蚀。铅在有空气存在的条件下，能与水缓慢反应生成 $Pb(OH)_2$：

$$2Pb+O_2+2H_2O = 2Pb(OH)_2$$

因为铅和铅的化合物都有毒，所以铅管不能用于输送水。

锡和稀酸反应，生成 Sn^{2+} 化合物，和浓 H_2SO_4 或浓 HNO_3 反应，则生成 Sn^{4+} 化合物：

$$Sn+4H_2SO_4(浓) = Sn(SO_4)_2+2SO_2\uparrow+4H_2O$$

$$Sn+4HNO_3(浓) = H_2SnO_3+4NO_2\uparrow+H_2O$$

铅和稀 HCl 及 H_2SO_4 几乎不作用。铅与热浓 H_2SO_4 强烈作用，生成可溶性 $Pb(HSO_4)_2$。

铅易溶于 HNO_3，反应如下：

$$Pb+4HNO_3(浓) = Pb(NO_3)_2+2NO_2\uparrow+2H_2O$$

铅在碱中也能溶解：

$$Pb+4KOH+2H_2O = K_4[Pb(OH)_6]+H_2\uparrow$$

所有铅的可溶化合物都有毒。

锡和铅都能形成 Sn^{2+}、Sn^{4+} 和 Pb^{2+}、Pb^{4+} 的氧化物及氢氧化物。它们均为两性物质，它们的酸、碱性的递变规律如下：

碱性增强 →

酸性增强 ↓			碱性增强 ↑
	SnO，$Sn(OH)_2$（两性，略偏碱）	PbO，$Pb(OH)_2$（两性，偏碱）	
	SnO_2，$Sn(OH)_4$（两性，偏酸）	PbO_2，$Pb(OH)_4$（两性，略偏酸）	

← 酸性增强

其中酸性以 $Sn(OH)_4$ 最为显著，碱性以 $Pb(OH)_2$ 最为突出。锡和铅的氧化物都不溶于水。锡和铅的 +2 价和 +4 价两类氢氧化物都可溶于合适的酸和碱。

Sn^{2+} 无论是在酸性溶液还是碱性溶液中都具有较强的还原性，尤其在碱性溶液中还原性更强。

$SnCl_2$ 是重要的还原剂，它能将 $HgCl_2$ 还原为白色的 Hg_2Cl_2 沉淀，当 $SnCl_2$ 过量时，白色的亚汞盐又被还原为黑色的单质汞：

$$2HgCl_2+Sn^{2+} \longrightarrow Hg_2Cl_2\downarrow+Sn^{4+}+2Cl^-$$

$$Hg_2Cl_2+Sn^{2+} \longrightarrow 2Hg\downarrow+Sn^{4+}+2Cl^-$$

含铅废水对人体健康和农作物生长都有严重危害。铅的中毒作用虽然缓慢，但在体内会逐渐积累，引起人体各组织中毒，尤其是神经系统、造血系统。典型症状是食欲不振，精神倦怠和头疼，严重时可致死。

含铅废水多来自金属冶炼厂、涂料厂、蓄电池厂等。国家规定铅的允许排放浓度为 1.0 mg/L（按 Pb 计）。对含铅废水的处理一般采用沉淀法。用石灰或纯碱作沉淀剂，使废水中的铅生成 $Pb(OH)_2$ 或 $PbCO_3$ 沉淀而除去，还可用强酸性阳离子交换树脂除去铅的有机化合物，使含铅量由 150 mg/L 降至 0.02 ~ 0.53 mg/L。

课后练习

1. 与 $CrCl_3$ 溶液和 MnO_2 反应时，既能产生沉淀又能生成气体的是（　　）。

A. Na_2S　　B. $BaCl_2$　　C. H_2O_2　　D. $AgNO_3$

2. $KMnO_4$ 溶液需保存在棕色瓶中，因为它（　　）。

A. 不稳定，易发生歧化反应

B. 光照下会慢慢分解成 MnO_2

C. 光照下与空气中的 O_2 反应

D. 光照下迅速反应生成 K_2MnO_4 和 O_2

3. 保存 $SnCl_2$ 水溶液必须加入 Sn 粒的目的是防止（　　）。

A. $SnCl_2$ 水解　　B. $SnCl_2$ 被氧化

C. $SnCl_2$ 歧化　　D. $SnCl_2$ 被还原

4. 配制 $FeSO_4$ 溶液，为什么要加入少量的稀硫酸和铁钉或铁屑？

5. Fe^{2+} 处于中间价态，它既能被氧化，又能被还原，试各写出两个有关反应的化学方程式。

阅读材料

我国部分水污染事故

1. 淮河水污染事故

1994年7月，淮河上游因突降暴雨而采取开闸泄洪的方式，将积蓄于上游一个冬春的2亿立方米水放下来。水经之处河水泛浊，河面上泡沫密布，顿时鱼虾丧失。下游一些地方的居民饮用了经自来水处理但未能达到饮用标准的河水后，出现恶心、腹泻、呕吐等症状。经取样检验证实，上游来水水质恶化，沿河各自来水厂被迫停止供水达54天之久，百万淮河民众饮水告急。在经过10年一共投入600亿元治污后，到2004年，淮河水质竟又回到10年前的水平，近年来，淮河水质又进一步加速恶化，整个淮河六成水体已经完全丧失水功能，有的河段连蚊蝇都绝迹了。

2. 沱江“3・02”特大水污染事故

四川省的名字来源于它境内的四条河流。它们丰沛的水源，造就了四川这个天府之国。可是2004年2月到3月，这四条河流之一的沱江，却给天府之国带来了一场前所未有的生态灾难。当时，因为大量高浓度工业废水流进沱江，四川五个市区近百万老百姓顿时陷入了无水可用的困境，直接经济损失高达2.19亿元。这起事件，被国家环保总局列为近年来全国范围内最大的一起水污染事故。造成此次特大水污染事故的原因，是川化股份公司排放水氨氮指标严重超过强制性国家环境保护标准，且持续时间长，造成沱江干流特大水污染事故的发生。

3．重庆綦河水污染

因取水点被污染导致水厂停止供水，重庆綦江古南街道桥河片区近3万居民，从2005年1月3日起连续两天没有自来水喝。经卫生部门和环保部门勘测，河水是被綦河上游重庆华强化肥有限公司排出的废水所污染。

4．太湖水污染事件

2007年5月29日开始，江苏省无锡市城区的大批市民家中自来水水质突然发生变化，并伴有难闻的气味，市民无法正常饮用。无锡市民饮用水水源来自太湖，造成这次水质突然变化的原因是：入夏以来，无锡市区域内的太湖水位出现50年以来最低值，再加上天气连续高温少雨，太湖水富营养化较重，从而引发了太湖蓝藻的提前暴发，影响了自来水水源水质。

5．紫金矿业污染事件

2010年7月3日15时50分左右福建省上杭县紫金山（金）铜矿，连续降雨造成厂区溶液池区底部黏土层被掏空，污水池防渗膜多处开裂，渗漏事故由此发生。9 100 m^3 含剧毒氰化钠的废水和含金属的毒污水顺着排洪涵洞流入汀江，导致汀江部分河段污染及大量网箱养鱼死亡。

第7章

烃

在已知的几千万种化合物中，绝大多数为有机化合物。那么，什么是有机化合物呢？

人类使用有机化合物的历史很长，世界上几个文明古国很早就已经掌握了酿酒、造醋和制饴糖的技术。中国古代曾制取到一些较纯的有机物，如没食子酸、乌头碱、甘露醇等。十六世纪后期，西欧制得了乙醚、硝酸乙酯，氯乙烷等。由于在很长时间里，这些物质只能直接或间接地从动植物的体内获得，无法人工合成，人们称其为有机化合物，简称为有机物。

1828 年，德国化学家维勒首次用无机物氰酸铵合成了有机物——尿素。但由于氰酸铵未能用无机物制备出来，因此这一发现并没有得到其他化学家的立即认可。直到柯尔柏在 1844 年合成了醋酸，贝特罗在 1854 年合成了油脂类化合物，布特列洛夫在 1861 年合成了糖类等，有机化学才进入了合成时代，大量的有机化合物被用人工的方法合成出来。

人工合成有机物的发展，使人们清楚地认识到，在有机物与无机物之间并没有一个明确的界线，但它们在组成和性质方面确实存在着某些不同之处。元素周期表中所有的元素都能够组成无机物，而有机物中却只发现了几种元素。在所有的有机物中都含有碳，多数含有氢，其次还含有氧、氮、卤素、硫、磷等。因此，化学家们开始将有机物定义为**含碳的化合物**（不包括碳的氧化物、碳酸及碳酸盐、碳化物、氢氰酸及氢氰酸盐），将有机化学定义为**碳化合物的化学**，或者说**研究碳氢化合物及其衍生物的化学**。

目前，从自然界发现的和人工合成的有机物约有三千多万种，而且新的有机物仍在不断地被发现或合成出来。

有机化合物具有以下的特性：

容易燃烧：很多有机物都是易燃易爆品，生产、储存和运输时要严禁烟火；

熔、沸点低：有机物的熔点一般在 673 K 以下，纯净的有机物具有固定的熔点、沸点，可以通过测定熔点、沸点来检验有机物的纯度；

难溶于水、易溶于有机溶剂：很多有机物为非极性物质，所以难溶于水，而易溶于有机溶剂；

为非电解质，不导电：绝缘材料用塑料和橡胶，可以防止触电；

反应速率慢、副反应多：有机化学反应速率慢，往往需要加热或使用催化剂，反应中常有副反应，产物往往是混合物，需要提纯。

由于有机物与无机物之间的界线不是绝对的，因此上述特性只是对于大多数有机物而言的。许多有机物还有自己的特性。如 CCl_4 不能燃烧，可作为灭火剂；甲醇、乙醇、醋酸等与水可以任意混溶；TNT 炸药的爆炸可在瞬间完成。

有机物的来源最早是依靠动植物，现如今大多数有机物是人工合成的。合成有机物的原料主要来自两大原料库：煤和石油。煤是有机物的重要来源之一，煤的高温干馏产物——煤焦油和焦炭都是有机合成中的重要原料，煤焦油是芳香族化合物的主要来源。石油是有机物最重要的来源，它是由上百种碳氢化合物和少量含氧、含硫和含氮的有机物组成的混合物，其主要成分是烷烃、环烷烃和芳香烃。

有机物的种类很多，分类方法也很多，可以按碳原子的结合方式不同进行分类，也可以按分子中所含的官能团进行分类。通常的有机化合物分类见表 7-1。

表 7-1　　有机化合物的分类

<table>
<tr><td rowspan="11">有机化合物</td><td rowspan="5">烃</td><td rowspan="3">开链烃</td><td>饱和链烃</td><td>烷烃</td></tr>
<tr><td rowspan="2">不饱和链烃</td><td>烯烃</td></tr>
<tr><td>炔烃</td></tr>
<tr><td rowspan="2">闭链烃（环烃）</td><td colspan="2">脂环烃</td></tr>
<tr><td colspan="2">芳香烃</td></tr>
<tr><td>烃的衍生物</td><td colspan="3">卤代烃、醇、酚、醚、醛、酮、羧酸、酯</td></tr>
<tr><td rowspan="3">糖类</td><td colspan="3">单糖</td></tr>
<tr><td colspan="3">低聚糖</td></tr>
<tr><td colspan="3">多糖</td></tr>
<tr><td rowspan="2">有机高分子化合物</td><td colspan="3">天然高分子化合物</td></tr>
<tr><td colspan="3">合成高分子化合物</td></tr>
</table>

本章主要研究各种类型的烃的组成、结构及有关性质。

学习目标：

1. 认识烃类有机物，能区别无机物和有机物。
2. 能够举例说出生产生活中常见的烷烃、烯烃、炔烃及芳香烃，并说出其物理性质、化学性质和用途。
3. 能够正确命名烃类有机物。

7.1 烷　烃

在有机物中，仅有碳、氢两种元素组成的物质称为烃。根据烃中碳原子的结合方式的不同，烃又可以分为烷烃、烯烃、炔烃、脂环烃和芳香烃。本节研究烷烃的组成、结构和性质，甲烷是烷烃中分子组成最简单的物质。

一、甲烷

1. 甲烷的结构式

甲烷的分子式为 CH_4。甲烷分子中，碳原子以最外层上的 4 个电子分别与 4 个氢原子的电子形成 4 个共价键。

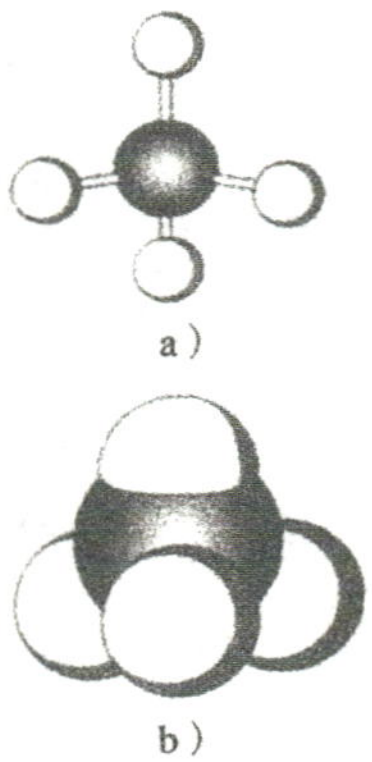

图 7-1 甲烷分子模型

甲烷分子的结构式为

$$\begin{array}{c} \mathrm{H} \\ | \\ \mathrm{H{-}C{-}H} \\ | \\ \mathrm{H} \end{array}$$

这种以短线来表示共用电子对的图式叫作**结构式**。

甲烷分子是一个正四面体的立体结构（图 7-1），碳原子位于正四面体的中心，四个氢原子分别位于正四面体的四个顶点上。分子的结构式不能表示分子的空间构型，但它反映了原子间相互连接的顺序，这对认识物质的结构、制法、性质都很重要，一般采用平面的结构式来表示有机物的分子结构。

2. 甲烷的实验室制法

在实验室里，用无水醋酸钠与碱石灰（NaOH 与 CaO 的混合物）混合加热的方法来制取少量的甲烷：

$$CH_3\boxed{COONa + NaO}H \xrightarrow[\text{加热}]{CaO} CH_4\uparrow + Na_2CO_3$$

3. 甲烷的物理、化学性质

甲烷是无色、无味的气体，密度比空气小，难溶于水。甲烷是天然气和沼气的主要成分，我国的“西气东输”工程就是将西部丰富的天然气资源，通过管道输送到东部地区，用天然气代替煤和煤气，为东部的经济发展提供优质的能源，节省大量的煤炭资源。我国农村沼气的开发利用，在解决农村能源问题、改善农村的环境卫生、提高肥料质量等方面有着重要的意义。

甲烷在通常情况下的化学性质是比较稳定的，与强酸、强碱或强氧化剂等一般不发生反应，如将甲烷通入强氧化剂高锰酸钾溶液中，不能使其褪色。但在特定情况下，甲烷能够发生一些反应。

（1）氧化反应

纯净的甲烷在空气中可以安静地燃烧，发出蓝色火焰，同时放出大量的热，因此，甲烷是一种气体燃料：

$$CH_4 + 2O_2 \xrightarrow{\text{点燃}} CO_2 + 2H_2O$$

当空气中混有的甲烷气体达到 5.3% ~ 15% 时，遇到明火就会发生爆炸。因此，点燃甲烷之前，必须检验甲烷的纯度。在煤矿的矿井里，会有甲烷（瓦斯）泄漏出来，当其聚积到一定浓度，遇明火即会发生爆炸，因此煤矿必须采取安全措施，如加强通风、严禁烟火等。

（2）取代反应

将甲烷与氯气混合，在光照的条件下，甲烷中的氢原子会逐个被氯原子所取代，生成一系列的产物：

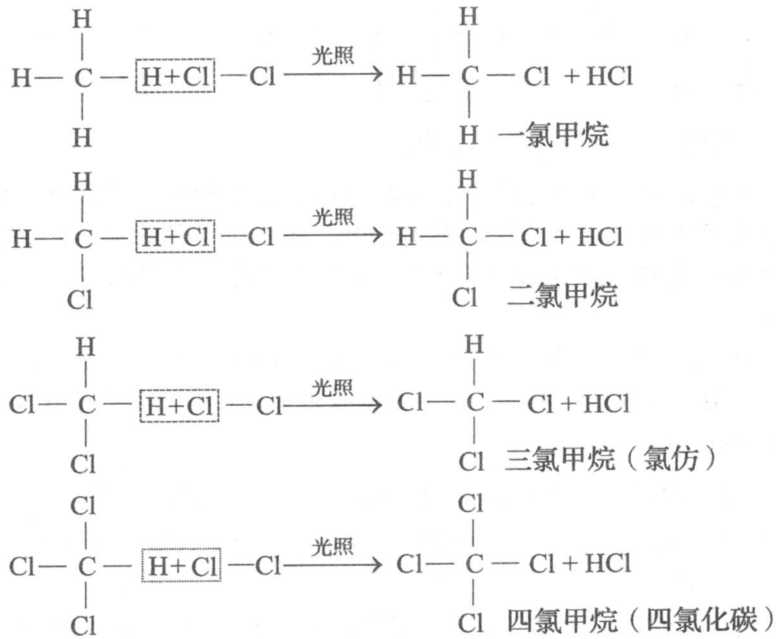

有机物分子中某些原子或原子团被其他原子或原子团所代替的反应，叫作**取代反应**。

甲烷的四种取代产物中，一氯甲烷是气体，其余为油状液体。其中氯仿和四氯化碳是重要的有机溶剂，可溶解油脂、碘，可以胶合有机玻璃，四氯化碳不可以燃烧，是一种高效的灭火剂。

（3）受热不稳定性

甲烷在隔绝空气的条件下加热到 1 273 K 以上，就可以发生分解，生成炭黑和氢气：

$$CH_4 \xrightarrow{1\,273\sim1\,773\ K} C + 2H_2$$

生成的炭黑是极其细小的粉末，是橡胶工业的填充剂，可用于制造颜料、油墨、油漆等。

二、烷烃

1. 烷烃的通式

在烃中还有一系列与甲烷化学性质相似的物质，如乙烷（C_2H_6）、丙烷（C_3H_8）、丁烷（C_4H_{10}）等。它们的结构式分别表示如下：

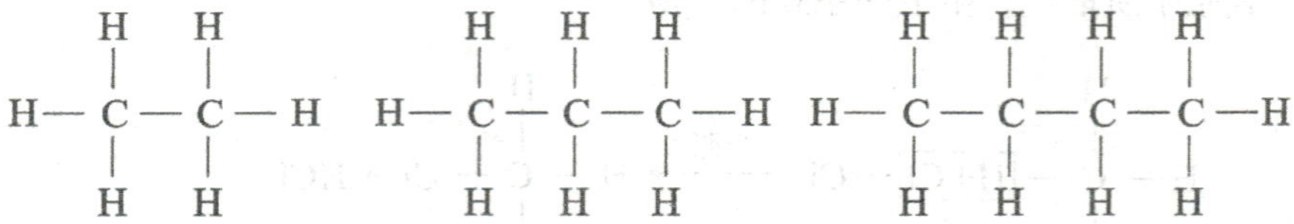

乙烷　　丙烷　　丁烷

在它们的**分子中碳原子之间都是以共价单键结合成链状，碳原子剩余的价键都与氢原子以单键结合，每个碳原子的化学键都已得到充分的利用，都达到“饱和”**。这样的烃称为**饱和链烃**，也称为**烷烃**。

对于碳原子较多的有机物，为了表示的方便，可以用结构简式来表示。用结构简式表示时，可只表示碳原子之间结合的价键，或者省略掉单键。如：

乙烷	丙烷	丁烷
$CH_3—CH_3$	$CH_3—CH_2—CH_3$	$CH_3—CH_2—CH_2—CH_3$
(CH_3CH_3)	($CH_3CH_2CH_3$)	($CH_3(CH_2)_2CH_3$)

由上述结构简式可以看出，每增加一个碳原子，同时增加两个氢原子。因此，烷烃的组成可以用一个通式表示：$\mathbf{C_nH_{2n+2}}$。利用烷烃的通式可以写出各种烷烃的化学式。

2. 同系物

由甲烷、乙烷、丙烷、丁烷及烷烃的通式可以看出，烷烃的分子结构相似，组成上相差一个或若干个 CH_2 原子团。通常把结构相似，组成上相差一个或若干个 CH_2 原子团的化合物互称为**同系物**。

同系物之间具有相似的化学性质，而物理性质表现出规律性的变化（表 7-2）。

表 7-2　几种烷烃的物理性质

名称	结构简式	常温时的状态	沸点 /K	相对密度（液态）
甲烷	CH_4	气	109.2	0.466
乙烷	CH_3CH_3	气	184.6	0.572
丙烷	$CH_3CH_2CH_3$	气	231.2	0.500 5
丁烷	$CH_3(CH_2)_2CH_3$	气	272.7	0.578 8
戊烷	$CH_3(CH_2)_3CH_3$	液	309.3	0.626 2

续表

名称	结构简式	常温时的状态	沸点 /K	相对密度（液态）
庚烷	$CH_3(CH_2)_5CH_3$	液	371.6	0.683 8
辛烷	$CH_3(CH_2)_6CH_3$	液	398.9	0.702 5
癸烷	$CH_3(CH_2)_7CH_3$	液	447.3	0.730 0
十七烷	$CH_3(CH_2)_{15}CH_3$	固	575	0.778 0(固态)
二十四烷	$CH_3(CH_2)_{22}CH_3$	固	664.5	0.799 1(固态)

注：甲烷、乙烷、丙烷的相对密度分别为 109.2 K、173.2 K、228.2 K 时的数据，其余为 293.2 K 时的数据。未特别指明时，为 293.2 K 时某物质的密度对 277.2 K 时水的密度的比值。

从表 7-2 中可以看出，烷烃的物理性质随着分子里碳原子数的递增呈现规律性的变化。如常温下的状态由气态变到液态，又从液态变到固态；沸点逐渐升高、相对密度逐渐增大。

3. 烃基

烃分子中去掉一个氢原子后剩余的部分称为烃基，烃基一般用“R—”表示。烷烃分子形成的烃基叫作烷基，如“CH_3—”称为甲基，“CH_3CH_2—”称为乙基。烷基的通式表示为“C_nH_{2n+1}—”。

4. 烷烃的命名

（1）直链烷烃的命名

直链烷烃按烃分子中所含的碳原子的个数来命名，称为**某烷**。对于碳原子数在 10 以内的，分别用甲、乙、丙、丁、戊、己、庚、辛、壬、癸表示 1 ~ 10 个碳原子。大于 10 个碳原子的，用中文数字表示。如：

$CH_3—CH_2—CH_2—CH_2—CH_2—CH_2—CH_3$　　庚烷

$CH_3(CH_2)_{13}CH_3$　　十五烷

（2）带支链的烷烃的命名

当烃分子中碳原子数大于等于 4 时，碳原子就可能有不同的排列方式，从而出现支链。如：

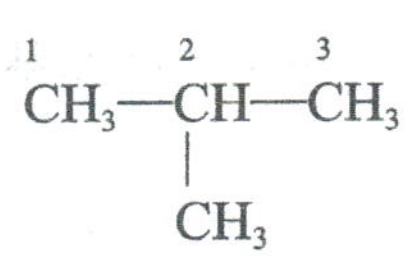

2- 甲基丙烷　　异丁烷

这类物质的命名有两种方法，一种是以所含的碳原子数命名，直链的在某烷前冠以“正”、支链的冠以“异”或“新”等。这种方法只适用于碳原子数在5个以内的烷烃，称为习惯命名法。另一种是以主碳链所含的碳原子数来命名，称为系统命名法，下面介绍系统命名法的有关步骤。

①选择分子中最长的碳链作为主碳链，以主碳链所含的碳原子数称为某烷。

②把支链看成取代基，称为“某基”。将主链上的碳原子从靠近支链的一端开始用1、2、3……进行编号来确定取代基的位置。如果有两个或两个以上的取代基，编号依次遵守下列原则：从最靠近支链的一端编号，编号时让简单的取代基的编号尽量小，让各取代基的编号之和尽量小。

③用中文数字表示取代基的数目，但必须分别标出各取代基的位号，位号之间用“，”隔开，位号与取代基数目之间用半字线“-”隔开；如果有几个不同的取代基，把简单的取代基写在前面，复杂的写在后面。例如：

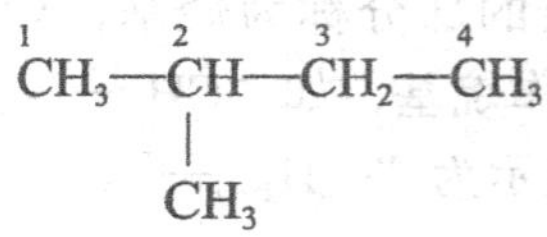

2-甲基丁烷（异戊烷）

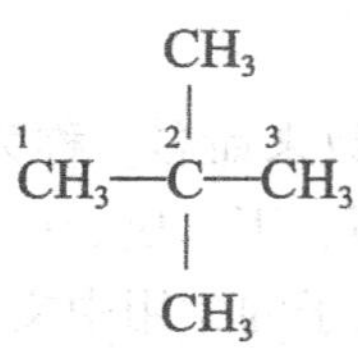

2，2-二甲基丙烷 （新戊烷）

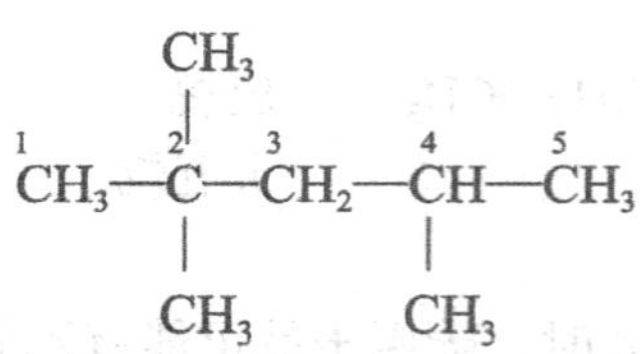

2，2，4-三甲基戊烷

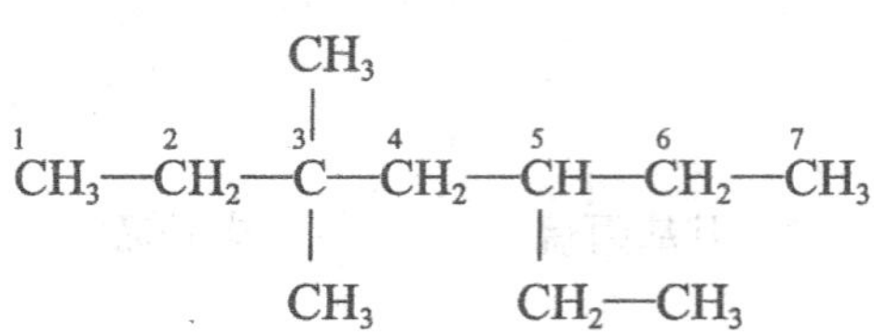

3，3-二甲基-5-乙基庚烷

以2，2，4-三甲基丁烷为例，对一般有机物的命名可图析如下：

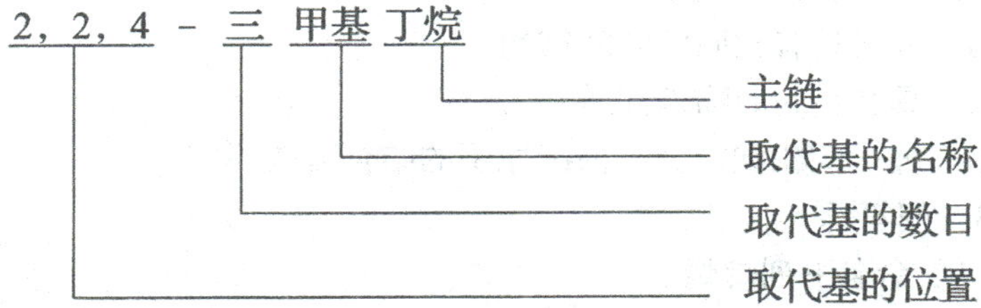

5. 同分异构体

正丁烷和异丁烷，正戊烷、异戊烷和新戊烷的分子组成完全相同，但它们的分子结构和性质却有差异。我们把化合物具有相同的化学式，但结构和性质不同的现象，叫作同分异构现象。具有同分异构现象的化合物互称为同分异构体。

同分异构体的物理和化学性质都有所不同。

如正丁烷的沸点为272.8 K，异丁烷的沸点为261.5 K；

正戊烷的沸点为309.3 K，异戊烷的沸点为301.1 K，新戊烷的沸点为282.7 K。

在烷烃分子中随着碳原子数的增加，碳原子的结合方式就更复杂，同分异构体的数量也会迅速增加。由于同分异构体的普遍存在，因此有机物的种类繁多（表7-3）。

表7-3 部分烷烃的异构体的数目

烷烃	丁烷	戊烷	己烷	庚烷	辛烷	壬烷	癸烷
异构体数	2	3	5	9	18	35	75

课后练习

1. 填空题

烷烃的通式是____________，烷烃分子中每增加一个碳原子，其相对分子质量就增加________。烃基是烃分子中失去一个________后所剩余的部分，如：$—CH_2CH_3$ 是________，正丙基的结构简式是________。

2. 选择题

（1）下列不属于有机物的是（　　）。

A. CH_3COOH　　B. CH_3Cl　　C. CO　　D．C_2H_2

（2）正丁烷与异丁烷互为同分异构体的依据是（　　）。

A. 具有相似的化学性质

B. 分子具有相同的空间结构

C. 具有相同的物理性质

D. 分子式相同，分子内碳原子的结合方式不同

3. 问答题

（1）命名下列烷烃。

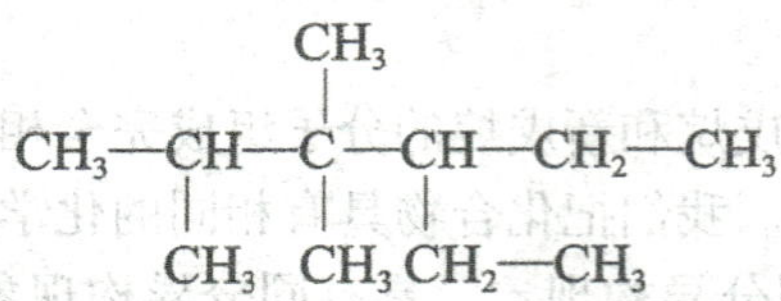

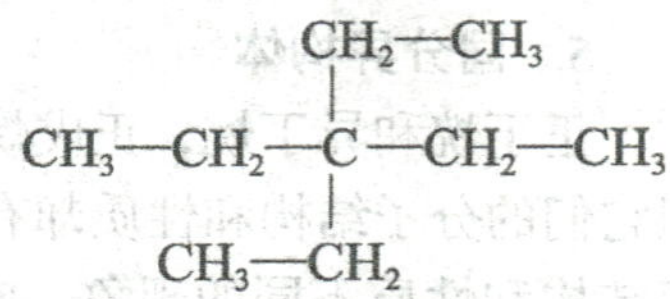

（2）写出下列烷烃的结构简式。

①2，2- 二甲基 -3- 乙基己烷

②2- 甲基 -4- 乙基庚烷

阅读材料

廉价的燃料——沼气

把人畜的粪便、农作物的秸秆、树叶、杂草等含有机物的废弃物，装到一个密闭的沼气池中，在一定温度下，甲烷菌会迅速繁殖，通过一系列生物化学反应，就能够把有机物转化为沼气。

沼气是一种混合气体，主要成分是甲烷，约占 60%～70%，其次有 30% 的二氧化碳，另外还有少量的氢、氮、硫化氢、一氧化碳、水蒸气等。沼气可以点灯照明、煮饭烧水，还可以代替汽油、柴油用来发电。

用微生物来造沼气，可以变废为宝（图 7-2），10 kg 的干草只能烧开 100 kg 的水，10 kg 的干草变成的沼气却可以烧开 180 kg 的水。一个年产 20 000 t 酒精的工厂，如果把酒精废液全部用来生产沼气，一年就可以获得沼气 $1.1\times10^{7}\ m^{3}$，相当于 8 600 t 煤。

沼气资源极其丰富，随处可得。单是人的粪便一项，如果利用起来，一个 4 000 万人口的省份，一年就可以生产 $2.8\times10^{9}\ m^{3}$ 沼气，相当于 1.9×10^{6} t 汽油，用过的粪便还是优质的肥料。

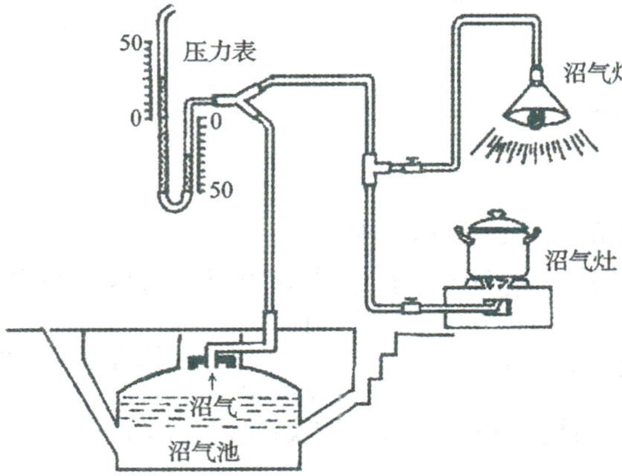

图 7-2 沼气的利用

足球场上的"化学大夫"——氯乙烷

在激烈的足球比赛中，经常有球员受伤倒地并痛苦地翻滚。医生跑上去用药水对准球员的受伤部位喷射，一会儿工夫球员就能够重新投入比赛。医生用的是什么灵丹妙药，能够快速治好球员的伤痛？

这就是被人们称为足球场上"化学大夫"——氯乙烷的功劳。氯乙烷在常温下是一种气体有机物，在一定的压力下成为液体。球员受伤后，如果是软组织受伤或拉伤，医生只要将氯乙烷气体喷射到受伤部位，氯乙烷遇到皮肤立即气化，同时吸收大量的热，使受伤的皮肤和软组织像被冰冻一样，暂时失去知觉，痛感也随之消失。同时使皮下的毛细血管收缩，停止出血，受伤部位不会出现淤血和水肿，这种方法叫作局部麻醉。足球场上的"化学大夫"就是靠局部麻醉的方法，使球员的伤痛在短时间内消失的。

氯乙烷只能对一般的肌肉拉伤或挫伤起到应急处理的作用，不能够起到治疗的作用。对于骨折、内伤或开放性外伤等，它就无能为力了。

7.2 烯烃 炔烃

在碳氢化合物中，除了碳碳单键结合的饱和链烃外，还有许多烃，在它们的**分子里含有碳碳双键或碳碳三键，使碳原子结合的氢原子数**

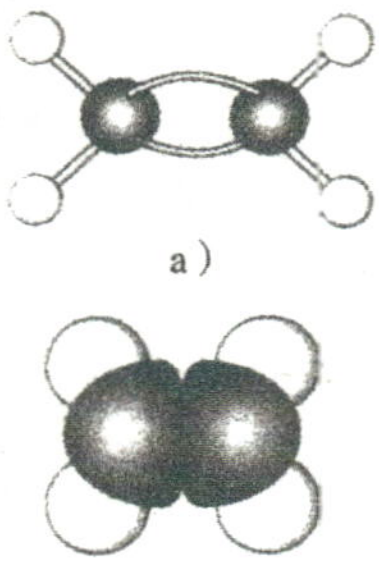

图 7-3　乙烯的分子模型

少于饱和链烃的氢原子数，这样的烃叫作不饱和烃。不饱和链烃包括烯烃和炔烃。

一、烯烃

1. 乙烯

（1）乙烯的分子组成和结构

乙烯是一种不饱和烃，在它的分子里含有碳碳双键。乙烯的分子式为 C_2H_4，它的结构式为 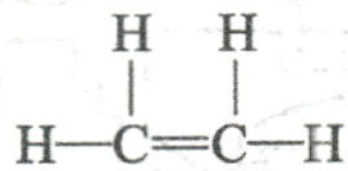，结构简式为 $CH_2=CH_2$。

由乙烯的结构式可以看出，乙烯比乙烷少两个氢原子。乙烯的分子模型如图 7-3 所示。

（2）乙烯的实验室制法

工业上用的乙烯，主要是通过石油炼制厂和石油化工厂所产生的气体中分离出来的，一般 1 t 石油可以得到 200 kg 的乙烯。

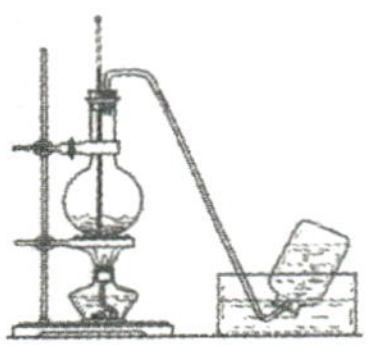

图 7-4　实验室制取乙烯

在实验室中用无水乙醇与浓硫酸的混合物，加热至 443 K 脱水得到乙烯（图 7-4）。在反应中，浓硫酸起到催化剂和脱水剂的作用。反应方程式为：

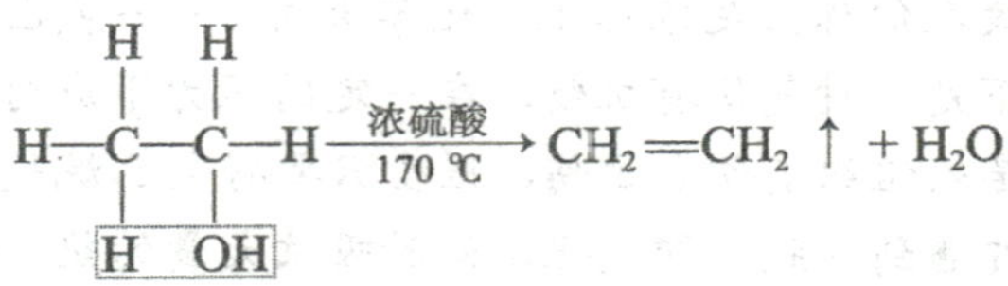

在该反应中，反应温度一定要快速达到 443 K，若温度只达到 443 K，则会生成乙醚（$CH_3CH_2OCH_2CH_3$）。

（3）乙烯的性质和用途

通常情况下，乙烯是一种无色、稍有气味的气体，难溶于水，密度为 1.25 g/L，比空气略小。

乙烯分子中存在碳碳双键，双键中的一个键很不稳定，容易断裂而发生化学反应。

①氧化反应

纯净的乙烯气体在空气中可以安静地燃烧，发出明亮的火焰并伴有黑烟：

$$CH_2=CH_2 + 3O_2 \xrightarrow{点燃} 2CO_2 + 2H_2O$$

将乙烯气体通入高锰酸钾的酸性溶液中，高锰酸钾的紫色会褪去。

说明乙烯能够被高锰酸钾所氧化。利用这一性质可以鉴别乙烯和甲烷等烷烃。

②加成反应

将乙烯气体通入溴的四氯化碳溶液中，溴的红棕色很快褪去（图 7-5）。在这个反应中，乙烯双键中的一个键发生断裂，两个溴原子分别加在两个价键不饱和的碳原子上，生成无色产物：

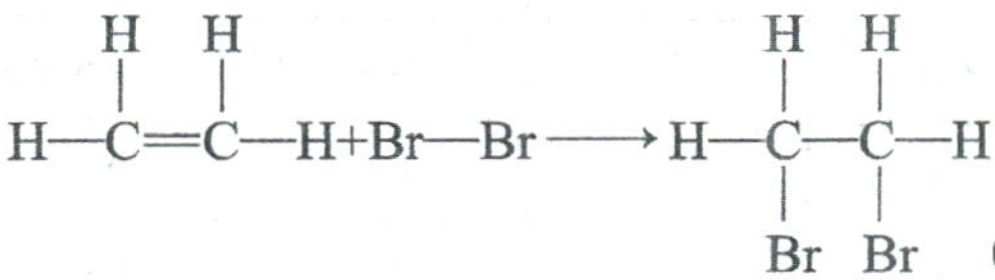

（1，2- 二溴乙烷）

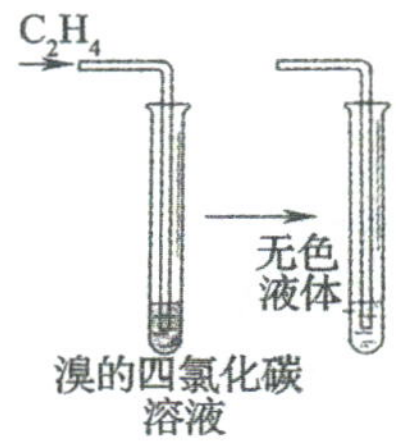

图 7-5　乙烯与溴的四氯化碳溶液反应

有机物分子中双键（或三键）两端的碳原子与其他原子或原子团直接结合生成新的化合物的反应，叫作**加成反应**。

乙烯不仅可以和溴发生加成反应，还可以和水、氢气、卤素和卤化氢在一定条件下发生加成反应，得到一系列的产物：

$$CH_2{=}CH_2 + H_2O \xrightarrow{\text{催化剂}} CH_3{-}CH_2{-}OH \quad（乙醇）$$

工业上就是利用这一反应，即乙烯水化法制取乙醇：

$$CH_2{=}CH_2 + HCl \xrightarrow{\text{催化剂}} CH_3{-}CH_2{-}Cl \quad（氯乙烷）$$

③聚合反应

在一定的温度、压强和催化剂的作用下，乙烯的碳碳双键中的一个键发生断裂，各个乙烯分子之间通过碳原子相互结合能够形成很长的碳链，得到聚乙烯。反应表示如下：

$$CH_2{=}CH_2 + CH_2{=}CH_2 + CH_2{=}CH_2 + \cdots\cdots \longrightarrow$$
$$-CH_2-CH_2-CH_2-CH_2-CH_2-CH_2-\cdots\cdots$$

这一反应式可以简单表示如下：

$$n\,CH_2{=}CH_2 \xrightarrow{\text{催化剂}} {-}\!\!\left[CH_2-CH_2 \right]\!\!{-}_n$$

④乙烯的用途

乙烯是石油化工最重要的基础原料。乙烯的产量既是衡量一个国家石油化工发展水平的重要指标之一，也是一个国家综合国力的标志之一。乙烯用于制造聚乙烯、聚苯乙烯等塑料，合成维纶纤维、醋酸纤维，制造合成橡胶、有机溶剂等。乙烯是一种生长调节剂。

2. 烯烃

分子中含有碳碳双键的一类链烃叫作烯烃。

烯烃分子中由于双键的存在，使烯烃分子中含有的氢原子数比相

家庭小实验——催熟水果

家里如果有青香蕉、绿橘子等还没有成熟的水果，要想把它们尽快催熟又没有乙烯，怎么办？可以把没有成熟的生水果与已经成熟的苹果等放在同一个塑料袋里，扎紧袋口。这样，过几天，生香蕉就会变黄、成熟。原来，水果在成熟的过程中，自身能够释放出乙烯气体。利用成熟水果释放的乙烯气体可以催熟生水果。

应的烷烃分子中含有的氢原子数少 2 个。因此，烯烃的通式为 C_nH_{2n}（$n \geqslant 2$ 的正整数），各种烯烃的分子中相差一个或若干个"CH_2"。

乙烯是最简单的烯烃。表 7-4 列出了几种烯烃的物理性质。

表 7-4　　几种烯烃的物理性质

名称	结构简式	常温时状态	沸点 /K	相对密度（液态）
* 乙烯	$CH_2{=}CH_2$	气	169.5	0.566
丙烯	$CH_3CH{=}CH_2$	气	225.8	0.519 3
**1- 丁烯	$CH_3CH_2CH{=}CH_2$	气	266.9	0.595 1
1- 戊烯	$CH_3(CH_2)_2CH{=}CH_2$	液	303.2	0.640 5
1- 己烯	$CH_3(CH_2)_3CH{=}CH_2$	液	336.6	0.673 1
1- 庚烯	$CH_3(CH_2)_4CH{=}CH_2$	液	366.8	0.697 0

注：* 乙烯的相对密度为 171 K 时的数据；** 丁烯前的"1"表示双键位于第一、二两个碳原子之间。

由表 7-4 可以看出，烯烃的物理性质随着碳原子数的增加，也呈现规律性的变化，如沸点和相对密度依次增大，体现出由量变引起质变的变化规律。

由于烯烃分子中均含有碳碳双键，烯烃的化学性质与乙烯相似，都易于发生加成反应、氧化反应，都能够使溴的四氯化碳溶液和高锰酸钾酸性溶液褪色。烯烃还能够使溴水褪色，因此，常用溴水代替溴的四氯化碳溶液检验烯烃。

二、炔烃

炔烃是不饱和烃的另一类化合物。乙炔是最简单的炔烃。

1. 乙炔

乙炔俗名电石气，分子式为 C_2H_2，碳原子之间以碳碳三键结合（图 7-6），结构式为 $H{-}C{\equiv}C{-}H$，结构简式为 $CH{\equiv}CH$。

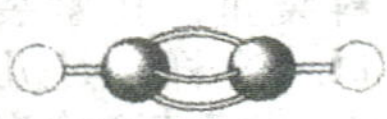

a）

b）

图 7-6　乙炔分子的模型

纯的乙炔是无色无味的气体。常用的乙炔是由电石与水反应得到的（图 7-7a），因含有 PH_3、H_2S 等而有特殊的臭味。

$$CaC_2 + 2H_2O \longrightarrow C_2H_2\uparrow + Ca(OH)_2$$

工业上用的大量的乙炔，主要以天然气和石油为原料制得。

乙炔分子中含有不饱和的 $C{\equiv}C$，其中两个键容易断裂，其化学性质与乙烯相似，能够发生氧化反应、加成反应等。

（1）氧化反应

点燃纯净的乙炔，火焰明亮并伴有浓烈的黑烟，同时放出大量的热（图 7-7b）。这是因为乙炔中碳的质量分数高，碳没有完全燃烧所致。

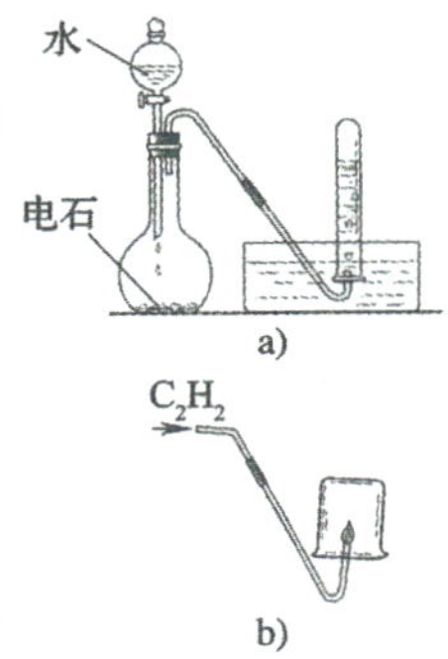

图 7-7　乙炔的制法和燃烧

$$2C_2H_2 + 5O_2 \xrightarrow{\text{点燃}} 4CO_2 + 2H_2O$$

乙炔在空气中的含量达到 2.5% ~ 82% 时，将会发生爆炸。在生产和使用乙炔时一定要注意安全。

乙炔通入 $KMnO_4$ 的酸性溶液中，溶液的紫色逐渐褪去，说明乙炔能够被 $KMnO_4$ 氧化。

（2）加成反应

将乙炔通入溴的四氯化碳溶液中，发生加成反应，使溴的颜色逐渐褪去：

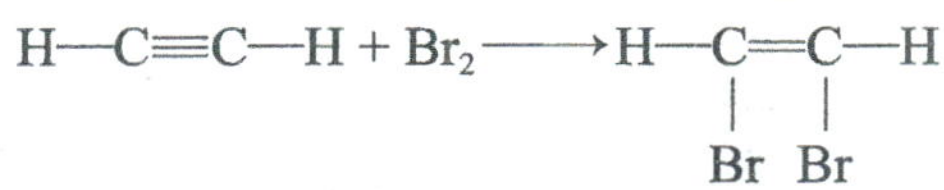

（1，2-二溴乙烯）

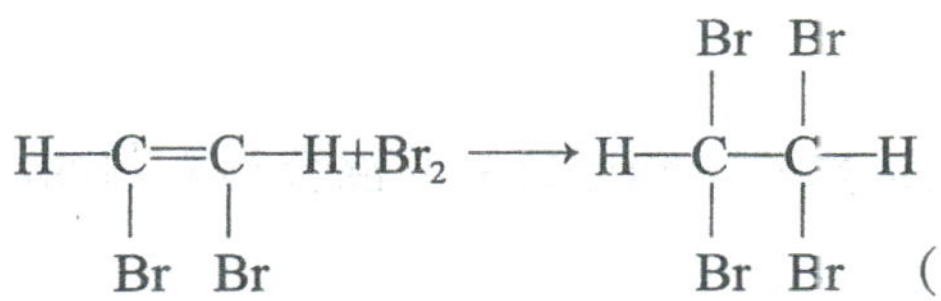

（1，1，2，2-四溴乙烷）

在一定的条件下，乙炔能够和氢气、氯化氢等发生加成反应。在 150 ~ 160 ℃和用氯化汞作催化剂的条件下，乙炔与氯化氢发生加成反应，生成氯乙烯：

$$CH{\equiv}CH + HCl \xrightarrow{\text{催化剂}} H_2C{=}CHCl$$

在适当的条件下，氯乙烯可以通过聚合反应生成聚氯乙烯：

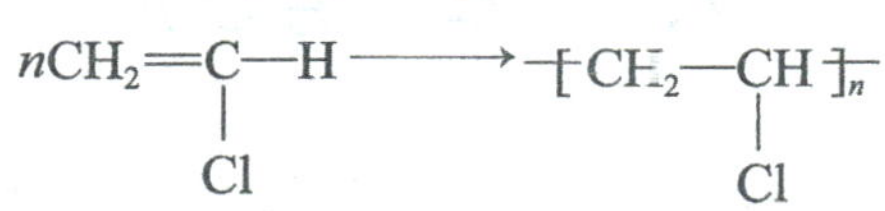

小资料：

氧炔焰

纯净的乙炔在空气中燃烧，火焰明亮且产生黑烟。如果将乙炔在纯氧气中燃烧，产生浅蓝色的火焰，无烟，温度可以达到 3 273 K 以上，因此将乙炔在纯氧中燃烧称为"氧炔焰"。可用氧炔焰焊接和切割金属。

2．炔烃

炔烃是分子里含有碳碳三键（$C{\equiv}C$）的不饱和链烃。除乙炔外，还有丙炔（$CH_3C{\equiv}CH$）、丁炔（$CH_3CH_2C{\equiv}CH$）等。乙炔的同系物也相差一个或若干个 CH_2 原子团。从炔烃的结构可以知道，炔烃比相应的烯烃分子少两个氢原子，炔烃的通式为 C_nH_{2n-2}（$n \geq 2$ 的正整数）。炔烃的物理性质的递变规律与烯烃相似，化学性质与乙炔相似，都能够发生加成反应、氧化反应等。炔烃能够使溴水褪色，可以用溴水鉴别饱和烃与炔烃。

课后练习

1. 填空题

（1）烯烃是分子里含有________键的不饱和烃的总称，烯烃的通式是________。乙烯是一种________色、________气味的气体，________溶于水。烯烃与高锰酸钾的酸性溶液发生的是________反应，与溴发生的是________反应，在一定条件下，乙烯能够发生________反应，生成聚乙烯。

（2）炔烃是分子里含有________的链烃，炔烃的通式是________。乙炔是________色、________气味的气体。1 mol 的 C_2H_2 最多可与________mol 的 Br_2 加成。

（3）现有 6 种链烃：C_8H_{16}、C_9H_{16}、$C_{14}H_{30}$、$C_{18}H_{34}$、C_7H_{14}、$C_{15}H_{28}$，其中，属于烷烃的是__________，属于烯烃的是__________，属于炔烃的是__________。

2. 选择题

（1）在实验室中通常以加热乙醇和浓硫酸的混合物来制取乙烯，在此反应中，浓硫酸（　　）。

A. 既是反应物又是脱水剂　　B. 既是反应物又是催化剂

C. 既是催化剂又是脱水剂　　D. 只是催化剂

（2）下列反应中能够说明烯烃分子具有不饱和结构的是（　　）。

A. 燃烧反应　　B. 取代反应　　C. 加成反应　　D. 氧化反应

*7.3　苯　芳香烃

有机物分子中碳原子相互连接成环状的，称为**环烃**。根据环烃的结构和性质，环烃可以分为**脂环烃**和**芳香烃**。苯是芳香烃中最简单又最重要的化合物。

一、苯

苯是无色、带有特殊气味的液体，苯有毒，不溶于水，密度比水小。熔点为 278.7 K，沸点为 353.3 K，在冰水中，苯会凝结为无色的晶体。

1. 苯的分子结构

苯的分子式是 C_6H_6，从苯的分子式可以看出，其分子中的碳、氢原子远远没有达到饱和，应该显示不饱和烃的性质，但是，苯不能够使高锰酸钾酸性溶液和溴水褪色。因此，苯的化学性质与不饱和烃有着很大的区别。经过科学家的长期研究，人们对苯的结构获得了一定的认识，德国化学家凯库勒认为苯的结构式可以表示为：

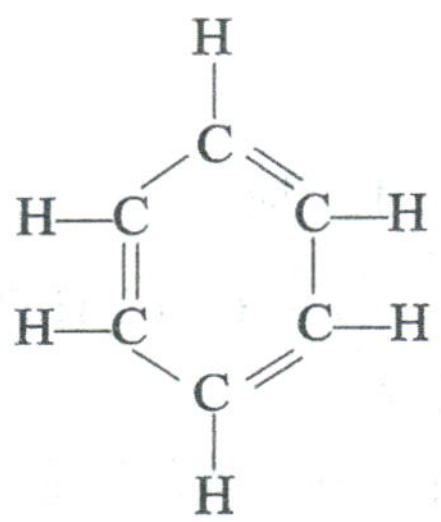

或简写为

进一步的研究表明，苯分子中并不存在一般的碳碳双键，苯分子中6个碳原子之间的键完全相同，这是一种介于单键与双键之间的独特的键。苯分子中6个碳原子和6个氢原子都在一个平面上（图7-8）。为了更好地表示苯分子的结构特点，常用结构式来表示苯分子的结构。

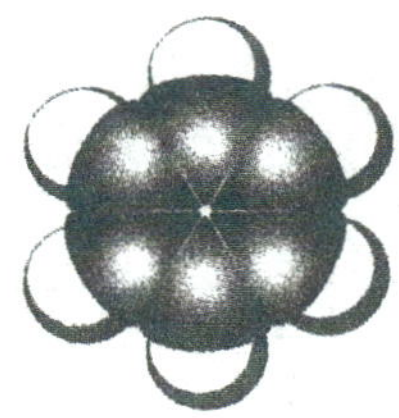

图7-8 苯分子模型

2. 苯的化学性质

苯不能够被高锰酸钾氧化，也不能与溴发生加成反应，说明苯的化学性质比不饱和的烯烃、炔烃稳定。但经过研究，苯在一定的条件下，也能够发生某些化学反应。

（1）燃烧反应

苯可以在空气中燃烧，发出明亮的火焰并带有浓烟，这是因为苯分子中含碳量很高的缘故：

$$2C_6H_6 + 15O_2 \xrightarrow{点燃} 12CO_2 + 6H_2O$$

（2）取代反应

苯环上的氢比较容易发生取代反应。

①苯的卤代反应

在催化剂（铁屑或溴化铁）存在的条件下，苯分子中的氢原子能够被溴取代：

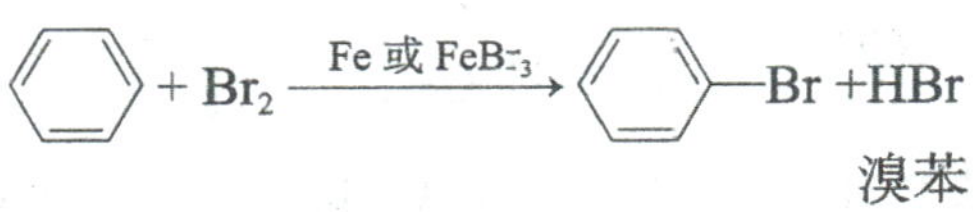

②苯的硝化反应

苯与浓硫酸和浓硝酸的混合酸在 323 ~ 333 K 下发生反应：

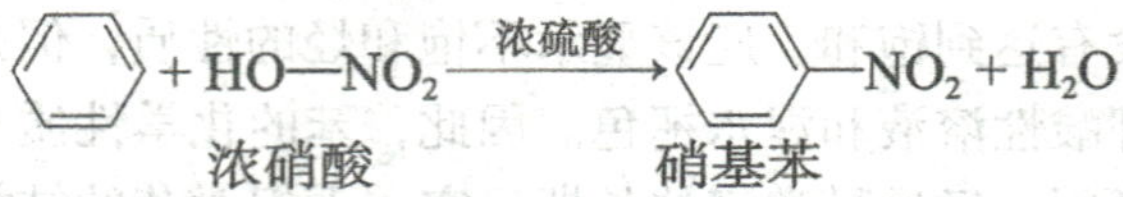

苯分子中的氢原子被—NO_2（硝基）所取代的反应叫作**硝化反应**。硝基苯是淡黄色的油状液体，具有苦杏仁味，密度比水大，难溶于水，有毒，使用时要小心。

③苯的磺化反应

苯与浓硫酸共热（343 ~ 353 K），发生反应：

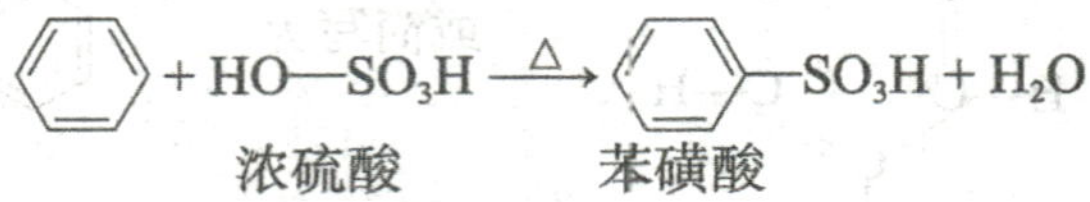

苯分子中的氢原子被—SO_3H（磺酸基）所取代的反应叫作**磺化反应**。

磺化反应是有机合成的一类重要反应，工业上合成塑料、橡胶、药物、洗涤剂和染料时往往要用到磺化反应。

（3）苯的加成反应

苯不能与溴水等发生加成反应，但在加热和催化剂（镍）的作用下，苯能够与氢气发生加成反应，生成环己烷（C_6H_{12}）：

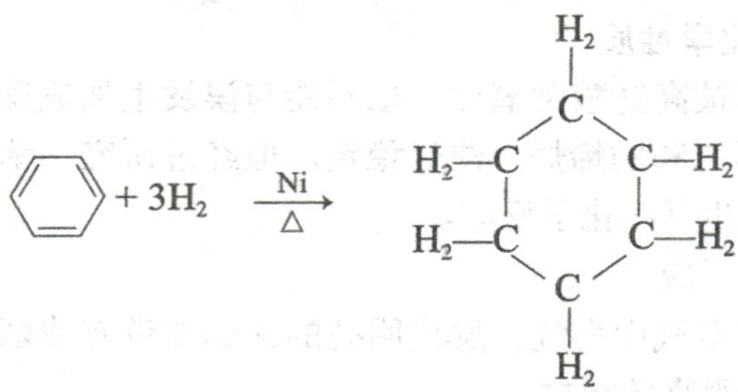

二、芳香烃

烃分子中含有一个或多个苯环结构的化合物叫作**芳香烃**。芳香烃包括苯及苯的同系物，萘、蒽、菲等稠环芳烃，这里主要介绍苯的同系物。

甲苯、二甲苯、乙苯等都是苯的同系物，属于烷基苯，它们也是常见的芳烃。它们的结构式表示为：

甲苯 C_7H_8　　邻二甲苯 C_8H_{10}　　乙苯 C_8H_{10}

由苯的同系物的结构式可以看出，苯的同系物的通式为 C_nH_{2n-6}（$n \geqslant 6$ 的正整数），苯的同系物的命名一般以苯为母体，按烷基的名称命名为某基苯，习惯上将“基”省略。对于多个取代基的须表明它们的位置。比如，二甲苯有三种不同的同分异构结构，它们的命名分别为：

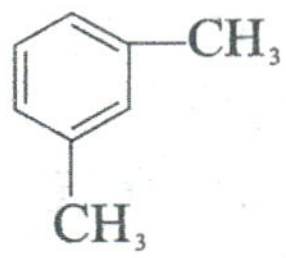

间二甲苯（1，3- 二甲苯）

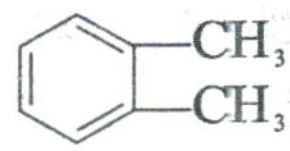

邻二甲苯（1，2- 二甲苯）

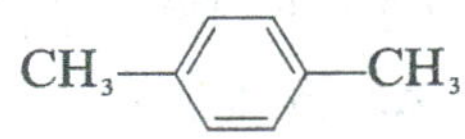

对二甲苯（1，4- 二甲苯）

苯的同系物的性质与苯的性质有很多相似的地方，如燃烧时产生黑烟，能发生苯环上的取代反应。如甲苯在浓硝酸、浓硫酸的作用下，发生硝化反应，生成三硝基甲苯（TNT）：

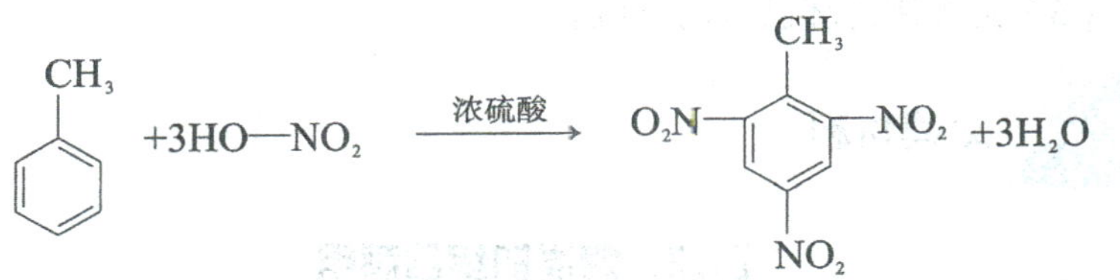

三硝基甲苯是一种淡黄色的针状晶体，不溶于水。它是一种烈性炸药，在国防、开矿、筑路、兴修水利等方面都有广泛的用途。

苯的同系物与苯的性质也有不同的地方，由于苯环和支链的共同作用，使苯的同系物能够被高锰酸钾酸性溶液氧化，使高锰酸钾的颜色褪去。可以以此区分苯与苯的同系物。

苯和苯的同系物都是良好的非极性溶剂，如在油漆中通常使用二甲苯作为溶剂。

课后练习

1. 填空题

（1）苯是一种________色、________味、________溶于水的______体，苯属于________烃，苯的结构式是________，苯分子里 6 个碳原子之间的键是一种介于__________之间的特殊化学键。

（2）有机物 CH_3CH_3、$CH_3CH{=}CH_2$、$CH_3CH_2C{\equiv}CH$、$CH_3C{\equiv}CCH_3$、C_6H_6、C_6H_{12} 中，互为同分异构体的是________和________，与乙烯互为同系物的是________和________。

2. 选择题

（1）能够使酸性高锰酸钾溶液褪色，但不能使溴水褪色的是(　　)。

A. 甲烷　　B. 乙烯　　C. 甲苯　　D. 苯

（2）下列物质中作为燃料燃烧时，对大气无污染的是（　　）。

A. 汽油　　B. 煤　　C. 沼气　　D. 氢气

3. 写出下列反应的化学方程式，并注明反应类型。

（1）乙烷与氯气在光照条件下的反应；

（2）乙烯与溴的反应；

（3）甲苯与浓硝酸和浓硫酸混合液的反应；

（4）由乙烯制备聚乙烯的反应；

（5）丙烷的燃烧反应；

（6）由苯制得环己烷的反应。

阅读材料

石油、煤炭的综合利用

我们知道，石油和煤炭是宝贵的地下矿物资源，它们既是重要的能源，又是重要的化工原料，可用于制造化肥、塑料、合成橡胶、炸药、染料、医药等。

1. 石油的炼制和加工

石油的主要成分是碳和氢（约占石油质量分数的97%～98%），主要是由各种烷烃、环烷烃和芳香烃组成的混合物。石油炼制和加工的目的一方面是将这些混合物进行一定程度的分离，使它们各尽其用；另一方面是将含碳原子数多的烃转变为含碳原子数少的烃，以提高石油的利用价值。

（1）石油的分馏

石油是烃的混合物，因此没有固定的沸点。含碳原子数越少的烃，沸点越低。在给石油加热时，低沸点的烃先汽化，经过冷凝液化后先分离出来；随着温度的升高，较高沸点的烃再汽化，经过冷凝液化后又分离出来。这样不停地提高温度，就可以将石油分离为不同沸点范围的蒸馏产物，这样的分离方法称为**分馏**。分馏出的各种成分叫作馏分，石油的每一种馏分仍然是多种烃的混合物。

在炼油厂中，石油的分馏是在分馏塔中进行的。分馏塔可以分为很多层，各层的温度由下向上依次升高，石油的炼制是连续进行的，根据需要可以在塔的不同部位得到各种石油制品（图 7-9、表 7-5）。

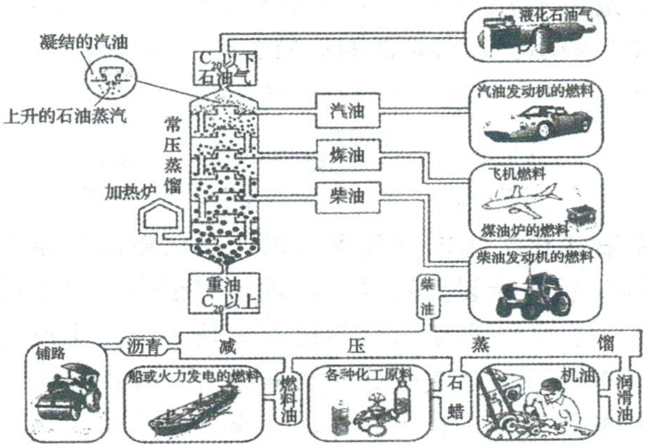

图 7-9 石油的分馏生产

表 7-5 **石油分馏产品及用途**

分类	塔的部位	馏分	含碳量	用途
常压蒸馏塔	塔顶	石油气	C_4 以下	液化石油气
	塔的中部	汽油	$C_5 \sim C_{11}$	汽油发动机的燃料
		煤油	$C_{11} \sim C_{16}$	飞机燃料
	塔的中部	柴油	$C_{15} \sim C_{18}$	柴油发动机的燃料
	塔底	重油	C_{20} 以上	送减压塔进一步加工
减压蒸馏塔	上部	柴油		柴油发动机的燃料
	中部	燃料油		船或火力发电的燃料
		润滑油		机器上用的机油
		石蜡		化工原料
	底部	沥青		铺路、防水、防腐

（2）石油的裂化和裂解

通过石油分馏得到的汽油、煤油、柴油等轻质油的产量较低，只占石油总量的四分之一。但社会对这类油的需求量很大，为了提高轻质油的产量，特别是汽油的产量，还可以通过裂化的方法从重油中获取轻质油。

裂化就是在一定条件下，将相对分子量较大、沸点较高的烃断裂为相对分子量较小、沸点较低的烃的过程。如在加热、加压和催化剂存在的条件下，十六烷断裂为辛烷和辛烯。

$$\underset{\text{十六烷}}{C_{16}H_{34}} \xrightarrow[\text{加热、加压}]{\text{催化剂}} \underset{\text{辛烷}}{C_8H_{18}} + \underset{\text{辛烯}}{C_8H_{16}}$$

裂解是石油化工生产过程中，以比裂化更高的温度，使石油分馏产物中的长链烃断裂为乙烯、丙烯等短链烃的加工过程。裂解是一种深度裂化。石油裂解的化学过程比较复杂，生成的裂解气是成分复杂的混合气。裂解气经过净化和分离，可以得到所需纯度的乙烯、丙烯等基本化工原料。目前，石油裂解已经成为生产乙烯的主要方法。

2. 煤的综合利用

煤可以分为无烟煤、烟煤、褐煤和泥煤。它们的含碳量不同，发热量也不同（表 7-6）。一般来说，含碳量高，发热量也高。

表 7-6　各种煤的含碳量

煤的种类	无烟煤	烟煤	褐煤	泥煤
碳的质量分数 /%	85 ~ 95	70 ~ 85	50 ~ 70	约 50

煤中除主要含有碳外，还含有少量的氢、氮、硫、氧等元素以及无机矿物质。在煤的综合利用中，人们主要关注并重点研究的问题是：如何提高煤燃烧的热效率、如何分离并提取煤中的化工原料以及如何解决燃煤引起的污染。目前，主要采用的办法是煤的干馏、煤的气化和液化。

（1）煤的干馏

将煤隔绝空气加强热使其分解的过程，叫作煤的干馏，也称为煤的焦化。

工业上将煤粉放在隔绝空气的炼焦炉中加热，煤分解得到焦炭、煤焦油、焦炉气、粗氨水和粗苯等（表 7-7）。

表 7-7 煤干馏的主要产品及其用途

<table>
<tr><th>干馏产品</th><th colspan="2">主要成分</th><th>主要用途</th></tr>
<tr><td rowspan="3">出炉煤气</td><td>焦炉气</td><td>氢气、甲烷、乙烯、一氧化碳</td><td>气体燃料、化工原料</td></tr>
<tr><td>粗氨水</td><td>氨气、铵盐</td><td>氮肥</td></tr>
<tr><td>粗苯</td><td>苯、甲苯、二甲苯</td><td rowspan="2">炸药、染料、医药、农药、合成材料</td></tr>
<tr><td rowspan="3">煤焦油</td><td colspan="2">苯、甲苯、二甲苯</td></tr>
<tr><td colspan="2">酚类、萘</td><td>染料、农药、医药、合成材料</td></tr>
<tr><td colspan="2">沥青</td><td>筑路材料、制碳素电极</td></tr>
<tr><td>焦炭</td><td colspan="2">碳</td><td>冶金、合成氨造气、电石、燃料</td></tr>
</table>

（2）煤的气化和液化

煤在燃烧时除了给我们提供大量的热能外，同时还会产生大量的二氧化硫、氮的氧化物、碳的氧化物和烟尘的污染物。煤的气化和液化既是将煤变成清洁能源，也是提高煤的燃烧效率的有效途径。

煤的气化是将煤中的有机物转化为可燃性气体的过程。根据生产的不同需要，可以制得煤气（主要含有 CO）、水煤气（主要含有 CO、H_2，含量相差不大）及半水煤气（主要含 CO 和 H_2，H_2 的含量大）。煤的气化的原料一般是干馏后的焦炭。

煤的液化是将煤转化为液体燃料的过程。在高温高压下，把煤与适当的溶剂混合后，与氢气作用，生成液体燃料，这是把煤直接液化的一种方法。煤还可以进行间接液化（图 7-10），即将煤气化为一氧化碳和氢气，然后经过催化合成，得到液体燃料。例如，可以用一氧化碳和氢气合成甲醇，甲醇既可以直接用作液体燃料，也可以加到汽油中代替一部分汽油作为燃料，将甲醇进一步加工可以制成高级汽油。

我国是世界上最大的耗煤国，每年约消耗煤炭 10 亿吨，但其中 70% 都被直接燃烧。既浪费了资源，又污染了环境。因此，积极开展煤的综合利用是十分必要的。

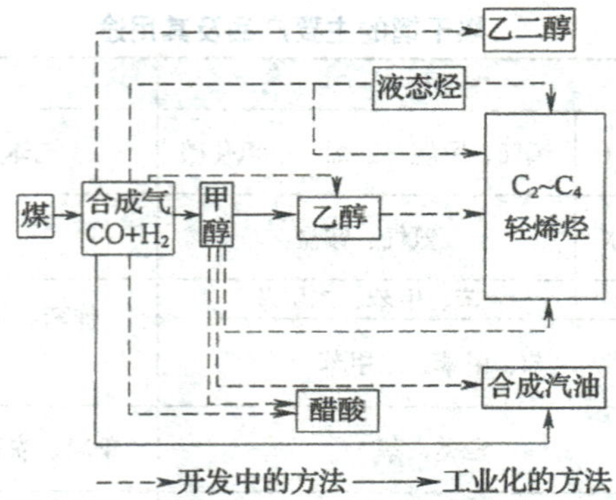

图 7-10 煤间接液化的应用及发展前景

第8章

烃的衍生物

烃的衍生物从组成上来说，除含有碳、氢元素外，还有氧、卤素、氮、硫等元素中的一种或几种。我们已经学过的甲醇（CH_3OH）、乙醇（CH_3CH_2OH）、乙酸（CH_3COOH）及上一章学过的甲烷的取代产物（CH_3Cl、CH_2Cl_2、$CHCl_3$、CCl_4）、硝基苯（$C_6H_5NO_2$）等都属于烃的衍生物。这些化合物从结构上说，都可以看成是烃分子里的氢原子被其他原子或原子团取代而衍生的物质，因此叫作**烃的衍生物**。

烃的衍生物中，由于取代氢原子的其他原子或原子团的性质的影响，烃的衍生物具有与烃不同的特殊性质。而且不同的取代原子或原子团，也使烃的衍生物的性质互不相同。这种决定化合物特殊性质的原子或原子团叫作**官能团**。常见的官能团及其名称见表 8-1。

表 8-1　常见的官能团及其名称

名称	官能团	代表物质（结构简式）
羟基	—OH	乙醇 C_2H_5OH 苯酚 C_6H_5OH
醚氧键	R—O—R′	乙醚 $C_2H_5OC_2H_5$

续表

名称	官能团	代表物质（结构简式）
醛羰基	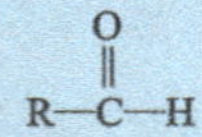	乙醛 CH_3CHO
酮羰基	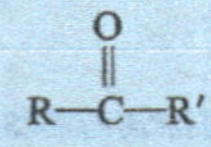	丙酮 CH_3COCH_3
羧酸基	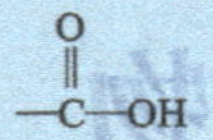	乙酸 CH_3COOH
羧酸酯	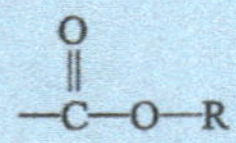	乙酸乙酯 $CH_3COOC_2H_5$
硝基	$—NO_2$	硝基苯 $C_6H_5NO_2$

学习目标：

1. 能够写出烃的衍生物的官能团。

2. 能够写出乙醇、苯酚、乙醚的分子式，归纳其理化性质，举例其在生产生活中的应用。

3. 能够写出乙醛、丙酮的分子式，归纳其理化性质，举例其在生产生活中的应用。

4. 能够写出乙酸、乙酸乙酯的分子式，归纳其理化性质，举例其在生产生活中的应用。

8.1 乙醇 苯酚 乙醚

醇和酚都是分子里含有羟基官能团的化合物，羟基与链烃基或苯环侧链上的碳原子相连的为醇，羟基与苯环上碳原子相连的为酚。醚与醇互为同分异构体。醇、酚、醚常见的代表性物质是乙醇、苯酚和乙醚。

一、乙醇

淀粉（稻谷、麦子、玉米、薯类等）在酶的催化下发酵就成了酒。我国是酒的发源地，酿酒的历史悠久。酒的主要成分是乙醇，乙醇俗称酒精。

1. 乙醇的结构及物理性质

乙醇的分子式为 C_2H_6O，结构式为 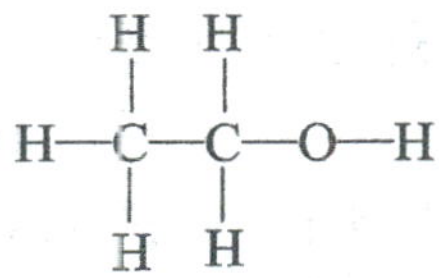，结构简式为 CH_3CH_2OH 或 C_2H_5OH。乙醇分子模型如图 8-1 所示。

图 8-1 乙醇分子模型

乙醇是一种无色、透明而具有特殊香味的液体。易挥发，密度比水小，293 K 时的密度是 0.789 3 g/cm^3。乙醇的沸点为 351.7 K，比相对分子质量相近的烷烃的沸点高得多。乙醇能够溶解许多有机物和无机物，能够与水以任意比例混溶。工业酒精约含乙醇 96%，含乙醇 99.5% 以上的酒精叫作无水乙醇。

2. 乙醇的化学性质

乙醇分子是由乙基（—CH_2CH_3）和羟基（—OH）组成的，乙醇的官能团——羟基（—OH）比较活泼，它决定着乙醇的主要化学性质。

（1）与活泼金属反应

乙醇分子里羟基中的氢比烃中的氢活泼，可以被活泼金属（如钠、钾、镁、铝）置换。乙醇与金属钠反应并产生乙醇钠和氢气：

$$2CH_3CH_2OH + 2Na \longrightarrow 2CH_3CH_2ONa + H_2\uparrow$$

乙醇与金属钠反应不如金属钠与水反应剧烈，放出的热量少，反应比较平缓。

（2）氧化反应

乙醇在空气中能够燃烧，产生浅蓝色的火焰，并放出大量的热，因此乙醇可以作为液体燃料：

$$CH_3CH_2OH + 3O_2 \xrightarrow{\text{点燃}} 2CO_2 + 3H_2O$$

乙醇在加热和有催化剂（Cu 或 Ag）的作用下，能够被氧化成乙醛：

$$2CH_3CH_2OH + O_2 \xrightarrow[\triangle]{\text{催化剂}} 2CH_3CHO + 2H_2O$$

（3）脱水反应

乙醇与浓硫酸混合共热时，发生脱水反应，脱水的产物因反应条件的不同而不同。在 443 K 时生成乙烯，在 413 K 时生成乙醚：

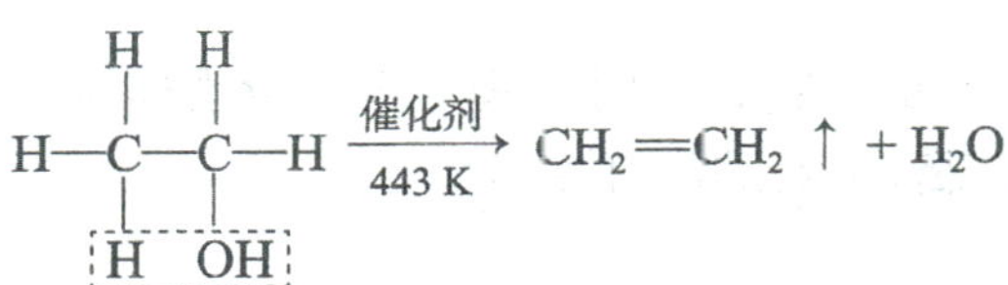

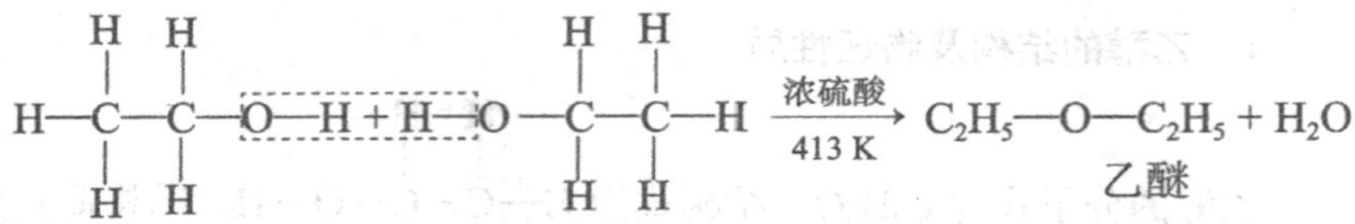

由此反应可以看出，有机反应的条件不同，产物不一样。因此，必须控制好有机反应的条件。

3. 乙醇的工业制法

乙醇的工业制法主要有乙烯直接水化法和发酵法两种。

（1）乙烯直接水化法

乙烯直接水化法，就是在加热、加压和催化剂的作用下，乙烯和水直接作用，生成乙醇：

$$CH_2{=}CH_2 + H{-}OH \xrightarrow[\text{加热、加压}]{\text{催化剂}} CH_3CH_2OH$$

此法中的原料——乙烯可以大量取自石油裂解气，成本低，产量大。应用此法生产乙醇可以节约大量的粮食，因此发展很快。

（2）发酵法

发酵法制乙醇是在酿酒的基础上发展起来的，在一段时间内，曾是生产乙醇的唯一工业方法。发酵法的原料是含有淀粉的农产品，如谷类、薯类和野生植物果实等，也可以是制糖厂的废糖液，或者是含有纤维素的木屑、植物茎秆等。这些物质经过预处理后，经水解、发酵，即可制得乙醇。发酵液中含有乙醇的质量分数为 6% ~ 10%，并含有其他一些有机杂质，经过精馏可以得到含量为 95% 的工业酒精。

4. 醇类简介

根据醇分子里含有羟基的数目，醇可以分为一元醇、二元醇和多元醇。由烷烃所衍生的一元醇，称为饱和一元醇，如甲醇、乙醇。饱和一元醇的通式为 $C_nH_{2n+1}OH$，简写为 R—OH，甲醇、乙醇是重要的化工原料，还可以用作车用燃料，是一类新的可再生能源。甲醇有毒，人饮用 10 mL 就能够导致眼睛失明，再多则能够致人死亡。

低级的饱和一元醇为无色的中性液体，具有特殊的气味和辛辣味道。能够与水以任意比例混溶；含 4 ~ 11 个碳原子的醇为油状液体，部分溶于水；含 12 个碳原子以上的醇为无色无味的蜡状固体，不溶于水。

分子里含有两个或两个以上羟基的醇，分别称为二元醇和多元醇。如常见的有乙二醇和丙三醇（甘油）：

$$\begin{array}{l} CH_2—OH \\ | \\ CH_2—OH \end{array} \qquad \begin{array}{l} CH_2—OH \\ | \\ CH—OH \\ | \\ CH_2—OH \end{array}$$

乙二醇　　　　　　　丙三醇（甘油）

乙二醇和丙三醇都是无色、黏稠、有甜味的液体，乙二醇易溶于水和乙醇，丙三醇能够与水和乙醇以任意比例混溶，它们都是重要的化工原料。丙三醇吸水性很强，具有护肤作用，俗称甘油。

二、苯酚

苯分子里只有一个氢原子被羟基取代的生成物是最简单的酚——苯酚，简称为酚。苯酚的分子式是 C_5H_6O，结构式为 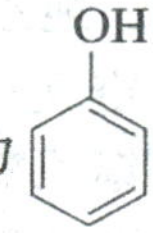 或 C_6H_5OH。苯酚的分子模型如图 8-2 所示。

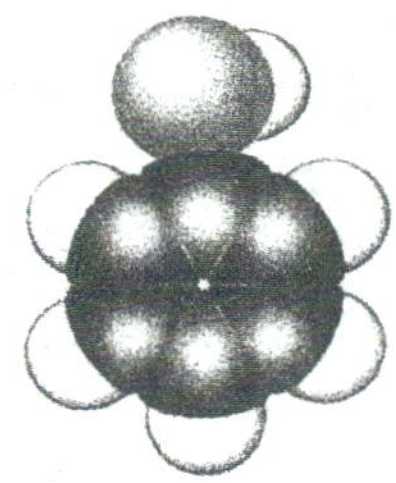

图 8-2　苯酚分子模型

纯净的苯酚是无色的晶体，暴露在空气中会因为部分氧化而呈粉红色。苯酚具有特殊的气味，熔点为 316 K，常温下，在水中的溶解度不大，当温度高于 338 K 时，能够与水以任意比例混溶。苯酚易溶于有机溶剂，如酒精等。

苯酚分子里的羟基受到苯环的影响，与醇中的羟基的性质有所不同。苯酚在水中溶解度小，但能够溶于氢氧化钠溶液（图 8-3），下式表示苯酚在溶液中的反应，说明苯酚具有酸性。因此苯酚又称石炭酸，苯酚的酸性很弱，比碳酸的酸性还要弱。

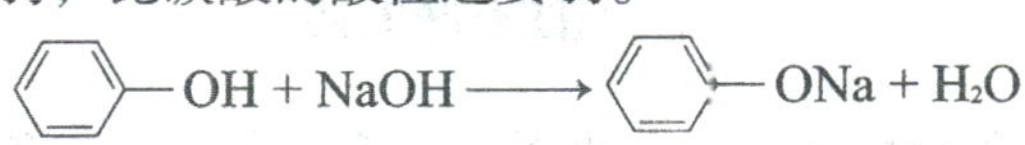

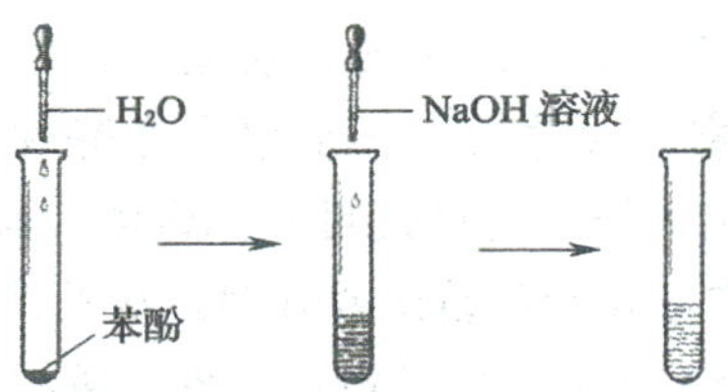

图 8-3　苯酚溶于氢氧化钠溶液

苯酚是一种重要的化工原料，主要用于制造酚醛树脂（俗称电木），还广泛用于制造合成纤维、医药、合成香料、染料、农药等。苯酚有毒，它的浓溶液对皮肤有强烈的腐蚀性，使用时要小心。如不慎沾到皮肤上，要立即用酒精清洗。苯酚的稀溶液可直接用作防腐剂和消毒剂，苯酚还可以配成有杀菌和止痛作用的洗剂和软膏，日常所用的药皂中就加入了少量的苯酚。

化工系统和炼焦工业的废水中常含有酚类，在排放前必须经过处理。

三、乙醚

乙醚可以由乙醇分子间脱水制得。

乙醚的化学式为 $C_4H_{10}O$，结构简式为 $CH_3CH_2—O—CH_2CH_3$ 或 $C_2H_5OC_2H_5$。

乙醚为无色透明的液体，沸点为 307.7 K，易挥发。乙醚微溶于水，易溶于有机溶剂。乙醚本身是一种常用的有机溶剂。乙醚蒸气具有麻醉作用，纯乙醚在医药上用作麻醉剂。

乙醚在空气中易被氧化为过氧乙醚，过氧乙醚在加热时易发生爆炸，因此蒸馏乙醚时必须检验是否被氧化。可以用硫酸亚铁的酸性溶液检验和消除过氧化物。

在有机化学中，把两个烃基分别与氧原子相连的化合物称为醚。其结构式表示为: R—O—R′ 或 ROR′，分子中 C—O—C 键称为醚键，是醚的官能团。

饱和一元醚与相同碳原子的饱和一元醇互为同分异构体。如甲醚（$CH_3—O—CH_3$）与乙醇（CH_3CH_2OH）。

阅读材料

酒精的生理作用

中国有悠久的酿酒历史，中国人也有饮酒习惯。酿造酒中有丰富的氨基酸等营养物质。但是，饮酒必须适量。因为酒中的主要成分乙醇对中枢神经系统有麻醉作用，产生中毒麻醉效应。乙醇对肠胃有刺激作用，易引起肝病变等。过度饮用烈性白酒，有害身心健康。

75% 的酒精具有很强的杀菌消毒作用。这是因为乙醇具有很强的渗透能力，能够钻入细菌体内，使蛋白质变性凝固，细菌立即死亡。因此，医疗上用 75% 的医用酒精作为消毒液，也可以用酒精来浸泡生物标本。

需要注意的是，用于消毒的酒精的浓度不是越高越好。比如用纯酒精消毒，会使细菌表面的蛋白质立即凝固，并形成一层具有保护作用的硬膜，阻止酒精进一步渗入。75% 的酒精溶液，不会使细菌表面的蛋白质立即凝固，而是渗透到细菌内部将整个细菌的蛋白质全部凝固起来，这样就能够达到好的消毒效果。

课后练习

1. 乙醇的结构简式是__________，在医疗上可作为消毒剂的是体积分数为________的乙醇水溶液。乙醇与浓硫酸加热到443 K，发生分子______脱水，生成______________，硫酸的作用是____________，反应方程式为________________________。

2. 选择题

（1）下列试剂中，能用于检验酒精中是否含有水的是（　　）。

A. $CuSO_4 \cdot 5H_2O$　B. 无水硫酸铜　C. 浓硫酸　D. 金属钠

（2）下列物质中，不能用化学式 C_4H_9OH 表示的是（　　）。

A. $CH_3CH_2CH_2CH_2OH$　　B. $CH_2{=}CHCH_2CH_2OH$

C. $CH_3C(CH_3)_2OH$　　D. $CH_3CH_2CH(CH_3)OH$

3. 某化合物A由C、H、O三种元素组成。它能够与金属钠反应产生氢气；在浓硫酸的作用下于443 K时产生气体B，B可以使溴水褪色；在浓硫酸的作用下于413 K产生液态化合物C，C具有麻醉作用。根据上述性质，写出A、B、C的结构式及有关的化学方程式。

*8.2　乙醛　丙酮

乙醛和丙酮都属于羰基类化合物，分子内都含有羰基 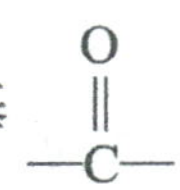，化学性质具有相似性。

一、乙醛

从上一节内容我们知道，乙醇经过氧化得到乙醛（CH_3CHO），乙醛分子中的官能团—CHO叫作醛基。

乙醛的化学式为 C_2H_4O，结构式为 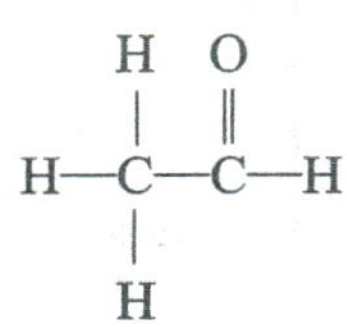，简写为

图 8-4 乙醛分子模型

$$\mathrm{CH_3{-}\overset{\overset{\Large O}{\|}}{C}{-}H}$$ 或 CH_3CHO。乙醛分子模型如图 8-4 所示。

乙醛为无色、易挥发、有刺激性气味的液体，沸点为 293 K，能够与水及有机溶剂互溶。

乙醛的化学性质主要由醛基决定，乙醛能够发生加成和氧化反应，而且都是发生在醛基上。

1. 加成反应

在加热和有金属镍作催化剂的条件下，乙醛能够和氢气发生加成反应：

$$CH_3CHO + H_2 \xrightarrow[\triangle]{Ni} CH_3CH_2OH$$

在有机化学里，通常把有机物分子里加入氢原子或失去氧原子的反应叫作**还原反应**。

2. 氧化反应

在一定的温度和催化剂的作用下，乙醛能够被空气中的氧气氧化，生成乙酸：

$$2CH_3CHO + O_2 \xrightarrow[\triangle]{催化剂} 2CH_3COOH$$

在有机化学里，通常把有机物分子里加入氧原子或失去氢原子的反应叫作**氧化反应**。

乙醛不仅能被 O_2 氧化，还能够被弱氧化剂氧化。

【实验 8-2-1】 演示实验：银镜的制备

将银均匀地镀在玻璃上，就可以制成镜子或保温瓶胆。怎样将银镀在玻璃上呢？

如图 8-5 所示，取一支洁净的试管（可以用少量的 NaOH 溶液加热洗涤），加入 1 mL 2% 的 $AgNO_3$ 溶液，然后一边摇动试管一边慢慢滴加 2% 的稀氨水，使生成的沉淀恰好完全溶解为止。这时的溶液为银氨溶液，具有弱的氧化性。再向银氨溶液中滴入 3 滴乙醛，振荡均匀后，将试管放在热水中加热，注意观察现象。

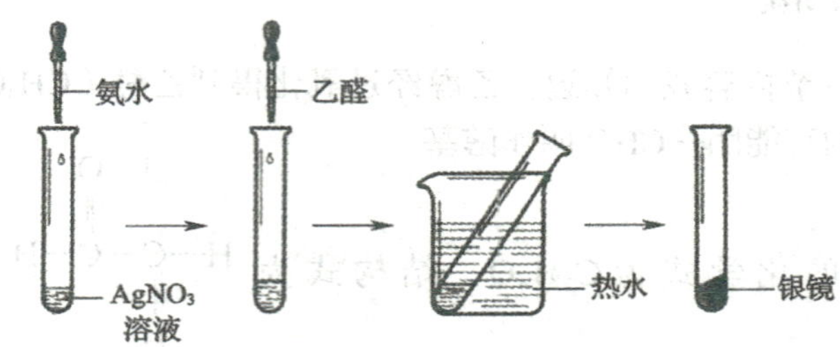

图 8-5 银镜反应

由于银氨溶液具有氧化性，能够将乙醛氧化为乙酸，乙酸与溶液中的氨反应生成乙酸铵。Ag^+ 得到电子被还原为金属 Ag 而附着在玻璃内壁上形成光亮的银镜，这一反应称为银镜反应。反应式如下：

$$CH_3CHO + 2Ag(NH_3)_2OH \xrightarrow{\triangle} CH_3COONH_4 + 2Ag\downarrow + H_2O + 3NH_3$$

银镜反应可以用来检验醛基。工业上制镜和制热水瓶胆一般用含有醛基的葡萄糖作还原剂。

另一种常用的弱氧化剂即新配制的 $Cu(OH)_2$ 沉淀，与乙醛等含有醛基的物质反应，被还原为红色的氧化亚铜（Cu_2O）沉淀。过去医疗上用此反应检验糖尿病人尿中的含糖量。

乙醛的生产方法有乙醇氧化法、乙炔水合法和乙烯直接氧化法。乙炔水合法是较早使用的一种方法，技术比较成熟，乙醛的产率和纯度高，但由于使用 $HgCl_2$ 作催化剂，毒性大，污染环境并危害操作人员的身体健康。目前采用乙烯直接氧化制乙醛。该方法在温度 373 K 左右，压强为 912～1 216 kPa 的条件下，用氯化铜和氯化钯（$PdCl_2$）的水溶液作催化剂，使乙烯与空气中的氧气直接发生氧化反应：

$$2CH_2{=}CH_2 + O_2 \xrightarrow[\text{加热、加压}]{\text{催化剂}} 2CH_3CHO$$

乙醛是有机合成工业中重要的原料，主要用于生产乙酸、丁醇、乙酸乙酯等重要的化工产品。

重要的醛还有甲醛，结构式为 $\begin{array}{c}O\\ \|\\ H{-}C{-}H\end{array}$，分子模型如图 8-6 所示，俗称为蚁醛，是具有强烈刺激性气味的气体。沸点为 252 K，溶液燃烧，其蒸气与空气形成爆炸性混合物，爆炸极限为 7%～73%（体积分数）。

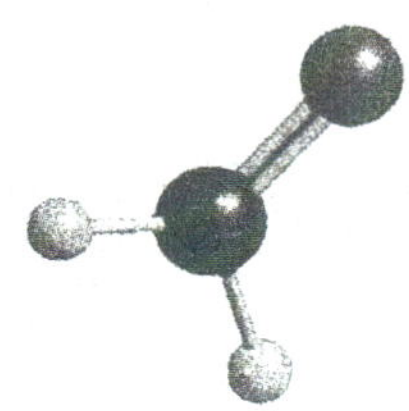

图 8-6 甲醛分子的球棍模型

甲醛易溶于水，一般以水溶液的形式保存和出售。35%～40% 的甲醛水溶液叫作“福尔马林”，常用作消毒剂和保存动物标本或尸体的防腐剂。农业上常用稀释后的福尔马林溶液（0.1%～0.5%）来浸种消毒。甲醛有毒，对于眼黏膜、皮肤都有腐蚀作用。过量吸入其蒸气也会中毒。

甲醛是一种重要的有机化工原料，应用于塑料工业（生产酚醛树脂和聚甲醛）、合成纤维工业和制革工业等。

二、丙酮

丙酮结构式为 $\begin{array}{c}O\\ \|\\ CH_3{-}C{-}CH_3\end{array}$，是最简单的饱和酮，为无色透明，

具有清香气味的液体。容易挥发和燃烧，在空气中的爆炸极限为2.55% ~ 12.80%。可以以任意比例与水混溶，也能够溶解油脂、树脂、橡胶等许多物质，是一种良好的有机溶剂。

丙酮不仅用作溶剂，还用于涂料、电影胶片的生产中。它也是重要的有机化工原料，可用于合成有机玻璃、异戊橡胶、环氧树脂等高分子化合物。丙酮可以用作某些生活用品的分散剂：化妆品的指甲油中含丙酮达35%，如果丝袜表面被钩破，可以用指甲油涂在上面将其补好，就是利用其中丙酮的溶解性。

阅读材料

吊白块、甲醛与食品

吊白块、甲醛等均为国家明令禁止作为食品添加剂的物质。吊白块又称雕白块，有漂白和增加弹性、韧性的作用，它的毒性与其分解时产生的甲醛有关。甲醛不仅可以破坏食品的营养成分，而且食用后会引起过敏、肠道刺激、食物中毒等疾患，甚至可以致癌。虽然这些有害添加剂对健康的损害是缓慢的、累积的，但人吸收后无法排出体外或分解，当体内蓄积到一定程度后，就会产生各种病变，危害身体健康。而且，消费者从感官上很难分辨这些有害的食品添加剂。

豆制品和水发产品添加吊白块或甲醛，可以改变食品表面色泽，延长保存期，而米线等可以增加弹性、韧性。所以不法商贩往往恶意添加。专家提醒，购买豆制品（豆腐、腐竹）及水发产品时要去正规商家，购买正规厂家生产的产品，不要仅追求食品表面的洁白、颜色的鲜艳等。

课后练习

1. 乙醛分子中的________键，能够与H_2发生________反应，该反应又属于________反应，反应的产物是________。工业上利用乙醛的__________反应制取乙酸。

2. 选择题

（1）下列各组混合物中，不能相互混溶的是（　　）。

A. 乙醛和乙醇　B. 苯和水　C. 酒精和水　D. 乙醛和水

（2）下列试剂中，可用来清洗做过银镜反应实验的试管的是（　　）。

A. 盐酸　B. 硝酸　C. 烧碱溶液　D. 蒸馏水

*8.3　乙酸　乙酸乙酯

一、乙酸

乙酸又名醋酸，普通食醋中含有 6% ~ 8% 的乙酸。乙酸的化学式为 $C_2H_4O_2$，结构式为 $\mathrm{H-\overset{\displaystyle H}{\underset{\displaystyle H}{\overset{|}{\underset{|}{C}}}}-\overset{\displaystyle O}{\overset{\|}{C}}-O-H}$，简写为 CH_3COOH。乙酸分子模型如图 8-7 所示。

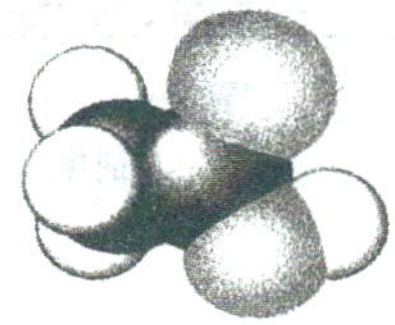

图 8-7　乙酸分子模型

乙酸从结构上看，是由甲基和羧基（$\mathrm{-\overset{\displaystyle O}{\overset{\|}{C}}-O-H}$ 或—COOH）相连而构成的化合物。像乙酸这样，其分子由烃基与羧基相连而构成的有机化合物，统称为**羧酸**。

乙酸是具有刺激性气味的无色透明的液体，纯乙酸在低于 289.8 K 时呈冰状晶体，故称为冰乙酸。乙酸能够与水、乙醇、乙醚等以任意比例混溶。商品醋酸一般为冰乙酸和质量分数为 36% 的乙酸溶液。

乙酸的化学性质主要由羧基决定。

1. 乙酸的酸性

乙酸具有酸的通性，其酸性比碳酸强。但乙酸仍是一种弱酸，在水溶液中只能部分电离。将乙酸溶液与碳酸钠反应，能够放出二氧化碳气体。

2. 乙酸的酯化反应

在浓硫酸的作用下，乙酸与乙醇能够发生反应生成乙酸乙酯和水（图 8-8）。浓硫酸起到催化剂和脱水剂的作用：

$$\mathrm{CH_3-\overset{\displaystyle O}{\overset{\|}{C}}-O-H+H-O-CH_2CH_3 \underset{\triangle}{\overset{浓硫酸}{\rightleftharpoons}} H_3-\overset{\displaystyle O}{\overset{\|}{C}}-O-CH_2CH_3+H_2O}$$

由于乙酸乙酯在相同的条件下能够发生水解反应，因此上述反应为可逆反应。

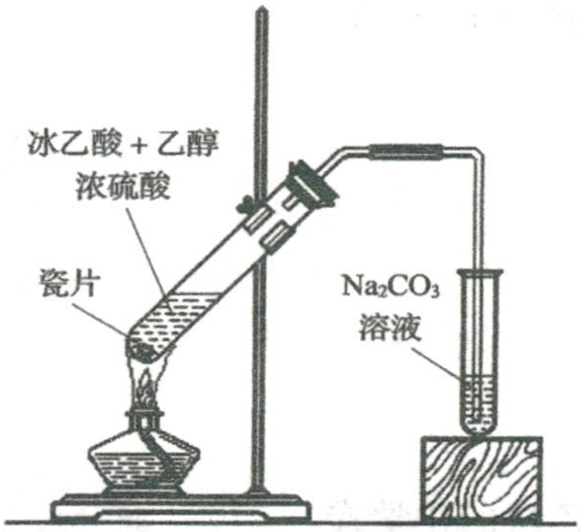

图 8-8　乙酸与乙醇反应制取乙酸乙酯

人类最早制备醋酸的方法是谷物发酵法，这一方法至今仍应用于食醋制造工业。现代工业主要采用乙醛催化氧化法制取乙酸。

乙酸既是常用的有机溶剂，也是重要的化工原料。在照相材料、人造纤维、合成纤维、染料、香料、医药、橡胶、食品等方面都有着广泛的应用。乙酸还具有杀菌能力，0.5% ~ 2% 的乙酸稀溶液可用于烫伤或灼伤感染的创面洗涤。用食醋熏蒸室内，可以预防流行性感冒。用食醋佐餐，可以防治肠胃炎等疾病。

除乙酸外，常见的羧酸有甲酸、苯甲酸和草酸等。根据羧酸中所含羧基的数目，可以分为一元羧酸（如甲酸 H—COOH、苯甲酸 C_6H_5—COOH）和二元羧酸（如草酸 HOOC—COOH）。根据与羧基相连的烃基的不同羧酸可以分为脂肪酸（如乙酸）和芳香酸（如苯甲酸）。在脂肪酸中，含有较多碳原子的称为高级脂肪酸（如硬脂酸 $C_{17}H_{35}COOH$、油酸 $C_{17}H_{33}COOH$）。羧酸中都含有相同的官能团——羧基，它们的化学性质相似。

二、乙酸乙酯

上文已提到，有浓硫酸存在并加热的情况下，乙酸与乙醇反应生成乙酸乙酯，这是一种油状的无色透明的液体。乙酸乙酯的沸点为 350 K，密度比水小，难溶于水，能够溶解许多的有机物，是一种良好的有机溶剂。

酸和醇反应脱水生成的化合物叫作酯。乙酸乙酯是最常见的酯类化合物。

图 8-9　很多水果花草中含有芳香气味的低级酯

酯的通式为 $\mathrm{R{-}\overset{\overset{\displaystyle O}{\|}}{C}{-}O{-}R'}$，简写为 RCOOR′，其中 R 和 R′ 可以相同，也可以不同。根据生成酯的酸和醇来命名为某酸某酯。例如，$\mathrm{H{-}\overset{\overset{\displaystyle O}{\|}}{C}{-}O{-}CH_3}$ 叫作甲酸甲酯，$\mathrm{CH_3{-}\overset{\overset{\displaystyle O}{\|}}{C}{-}O{-}CH_3}$ 叫作乙酸甲酯。

酯类广泛存在于自然界，低级酯是有芳香气味的液体，存在于各种水果和花草中（图 8-9）。例如，梨里含有乙酸异戊酯，苹果和香蕉里含有异戊酸异戊酯等。酯的密度一般小于水，难溶于水，易溶于乙醇和乙醚等有机溶剂。

酯可用作溶剂和制备饮料与糖果的果味香料。

在无机酸的作用下，酯可以发生水解，生成相应的酸和醇，反应为可逆反应：

$$CH_3COOC_2H_5 + H_2O \xrightarrow{\text{无机酸}} CH_3COOH + C_2H_5OH$$

而在碱性条件下，由于生成的酸被碱中和，因此酯的水解可以很完全：

$$RCOOR' + NaOH \longrightarrow RCOONa + R'OH$$

课后练习

1. 乙醇在微生物的作用下会被氧化为乙酸，试解释为什么酒密封后存放在地窖里年限越长酒越香？

2. 蚂蚁和蜜蜂的分泌物中含有甲酸（俗名蚁酸），当被蚂蚁或蜜蜂叮咬后，涂一点稀氨水就可以止痒止痛了，这是为什么？还可以用什么办法来止痛？

阅读材料

人类的第三污染期——室内空气污染

2004年11月底，中央电视台《今日说法》对北京、上海两件因家庭装潢导致业主白血病死亡而将装潢公司告上法庭的官司作了报道。室内空气污染造成的损害已经引起人们的热切关注。现代人继煤烟污染、光化学烟雾污染后，正进入以室内空气污染为主要标志的第三污染期，室内空气污染已成为危害人类健康的主要杀手之一。

我国城市都在以前所未有的速度迅速扩大，道路拓宽、老城改造、公共广场绿地的修建等城市建设，使得很多家庭都搬入了新居。由于条件的限制，很多家庭装潢一完成就搬入新居，甚至有的家庭就住在正在装修的房子里。据某城市资料，一位女士2004年初搬入刚刚装修的新居，由于住房位于路边，她总是担心灰尘从窗户进入室内，加之自己待岗在家，上网、做饭占据了她大部分的时间。不久，她发现自己经常头昏、呕吐、出现了脱发等症状。到医院一检查，才知道患上了再生障碍性贫血。而该市因装修患病最小的是一名刚刚出生才20多天的婴儿，当检测人员到其家中检测时发现，居室内放满了现场打制的木制家具，房间里放置了两个布艺沙发。在诊治期间，患者收到两次病危通知单。

除家庭外，办公室、公共室内场所、轿车内的空气污染也是不容忽视的。现代人平均有90%的时间生活和工作在室内，很容易受到室内空气污染的危害。权威检测部门将甲醛、苯、氨、氡四种有毒有害气体列为室内空气环境污染的“四大杀手”，这些有毒有害物质悄然而残酷地侵害着人类的健康。甲醛主要存在于装潢用的板材和布料中，能够引起肺、肝、肾的损伤，还会诱发癌症和畸形；苯和二甲苯主要存在于室内装修和家具制造使用的胶、漆、涂料中，能够使骨髓的造血机能发生障碍，引起再生性贫血；氨主要来源于混凝土的防冻剂和板材中，会导致反射性呼吸停止、心脏停搏；无色无味的氡主要存在于装饰石材、水泥、矿渣砖中，已被确认为除吸烟外导致肺癌的第二大“杀手”。除上述四大杀手外，建筑材料中的放射性物质、家用电器的电磁波辐射等都与癌症，尤其是脑瘤和儿童白血病有着直接的关系。

如果出现下列一些典型的症状，应考虑室内空气的污染：1. 早晨起床，憋闷恶心，甚至眩晕。2. 家里人经常患感冒。3. 排除吸烟等刺激，嗓子经常不舒服，有异物感。4. 小孩常咳嗽、打喷嚏，免疫力下降。5. 群发性皮肤过敏。6. 搬家后宠物莫名其妙地死亡。7. 室内植物不易成活，即使是一些生命力极强的植物。8. 头昏，易疲劳，换一个场所就正常了。9. 新婚夫妇长期不明原因不孕。10. 正常情况下出现胎儿畸形。

控制和减轻室内空气污染的主要途径应该扼制住污染的源头，可以从下列几方面入手：1. 控制污染源，采用符合环保标准，污染少的装修材料。2. 家庭装修要以实用为主，实行简约化装修，防止过度装修的污染叠加。如铺设实木地板时，在下面加铺一层细木工板，细木工板的甲醛如果超标，问题就大了。3. 依靠植物净化空气。如芦荟能够消灭甲醛，常春藤、龙舌兰可以吃掉苯，月季和玫瑰能够吸收二氧化硫等。4. 最便捷实用的方法就是开窗通风。

有条件的情况下，新装修的房子不要急于入住，注意保持通风；入住前，最好找有资质的室内环境监测单位对室内空气进行检测，合格后再入住。

第9章

营养物质和高分子材料

人类为了维持身体的健康，从事生产和日常生活，必须摄取足够的食物。食物主要由糖类、油脂、蛋白质、维生素、无机盐和水六大类物质构成，通常称为营养素。这六大类物质恰与人体内的主要物质相对应（表 9-1），它们是维持人体的物质构成和生理机能不可缺少的要素，是一切生命活动的物质基础。它们在人体内和通过呼吸系统吸入人体的氧气一起，经过复杂的化学变化，转化为生命活动所需的能量和构成人体的物质。

糖类、油脂和蛋白质都是天然的有机物，在自然界分布很广，是人类的主要食物。同时，它们也是重要的工业原料，广泛用于纺织、日用、药物及化工产品等。

表 9-1　　人体内主要物质的含量

化合物	蛋白质	脂肪	糖类	水	无机盐	其他
占人体的质量分数 /%	15 ~ 18	10 ~ 15	1 ~ 2	55 ~ 67	3 ~ 4	1

学习目标：

1. 能够举例说出单糖、二糖及多糖中代表性的物质。
2. 能够叙述油脂的定义，并归纳油脂的性质。
3. 能够根据蛋白质的组成分析蛋白质的性质，并归纳总结。
4. 知道蛋白质的用途，并举例说明。
5. 知道有机高分子材料的种类、性质和用途，探索新型高分子材料。

*9.1 糖类

绿色植物通过植物体内的叶绿素，在太阳光的作用下，将吸收的水分和二氧化碳直接合成为糖类，这一反应称为植物的**光合作用**。它是把来自太阳的能量转化为化学能储存起来，是动植物生命活动所需能量的重要来源。根据我国公民的营养结构，每天摄取的热量中大约四分之三来自糖类。

糖类是由C、H、O三种元素构成的一类有机化合物，由于绝大多数糖的化学式中H、O元素的个数比为2∶1，因此，人们习惯将糖称为**碳水化合物**，以通式$C_m(H_2O)_n$表示。需要指出的是，①碳水化合物中没有单独存在的水，②并非所有的糖中H、O原子个数比都为2∶1，③H、O原子个数比为2∶1的C、H、O三种元素组成的有机物并非全是碳水化合物。

糖类可以分为**单糖**、**低聚糖**和**多糖**等几类。单糖是不能水解的糖；低聚糖能够水解，一分子低聚糖水解后生成两个或两个以上分子的单糖，二糖是重要的低聚糖；多糖也能够水解，一分子多糖可以产生很多分子的单糖。

本节研究单糖、二糖及多糖中代表性的物质。

一、葡萄糖　果糖

葡萄糖和果糖都是单糖，两者互为同分异构体。它们的分子式为$C_6H_{12}O_6$。

葡萄糖是白色晶体，有甜味，能够溶于水。它广泛存在于自然界中，在成熟的葡萄及其他有甜味的果实的汁液中含量很丰富，在蜂蜜中也含有葡萄糖。在人体及动物体内也含有葡萄糖，存在于血液中的葡萄糖在医学上称为血糖。

在葡萄糖的分子中含有醛基，其结构简式如下：

$$CH_2OH—CHOH—CHOH—CHOH—CHOH—CHO$$

它是一种多羟基醛。葡萄糖跟其他的醛一样，具有还原性，能够发生银镜反应。

葡萄糖是一种重要的营养物质，它在人体组织中发生氧化反应，放出热量，以维持人体生命活动所需要的能量。1 mol 葡萄糖完全氧化，能够放出 2 804 kJ 的热量：

$$C_6H_{12}O_6 + 6O_2 \longrightarrow 6CO_2 + 6H_2O$$

淀粉等食用糖类在人体内能够转化为葡萄糖，葡萄糖可以不经过消化过程而直接被人体吸收和利用，在医学上通过静脉注射葡萄糖溶液的方式来迅速补充营养。葡萄糖在工业上用于制镜工业、糖果制造业及医药业。

果糖存在于水果和蜂蜜中，是一种白色晶体，易溶于水。它是一种最甜的糖，具有供给热能、补充体液及营养全身的作用。

果糖的结构简式为：

$$CH_2OH—CHOH—CHOH—CHOH—\overset{\displaystyle O}{\overset{\|}{C}}—CH_2OH$$

果糖为一种多羟基酮，分子中有酮基，没有醛基。但在碱性条件下，可以转变为醛基，具有还原性，能够发生银镜反应。

二、蔗糖　麦芽糖

蔗糖和麦芽糖都是二糖，两者互为同分异构体，它们的分子式为 $C_{12}H_{22}O_{11}$。

蔗糖为无色晶体，溶于水。蔗糖存在于不少植物体内，如北方的甜菜（糖的质量分数为 14% ~ 26%）、南方的甘蔗（糖的质量分数为 11% ~ 17%），生活中所用的白糖、红糖、冰糖的主要成分都是蔗糖。蔗糖是生活中重要的甜味食品。

蔗糖分子中不含有醛基，不能够发生银镜反应，但蔗糖水解后生成葡萄糖和果糖，水解产物能够发生银镜反应。水解的方程式为：

$$\underset{蔗糖}{C_{12}H_{22}O_{11}} + H_2O \xrightarrow[\triangle]{催化剂} \underset{葡萄糖}{C_6H_{12}O_6} + \underset{果糖}{C_6H_{12}O_6}$$

麦芽糖是白色晶体（通常见到的麦芽糖为糖膏），易溶于水，有甜味，但没有蔗糖甜。麦芽糖分子本身中含有醛基，能够发生银镜反应。麦芽糖水解后生成葡萄糖：

$$\underset{\text{麦芽糖}}{C_{12}H_{22}O_{11}} + H_2O \xrightarrow[\Delta]{\text{催化剂}} \underset{\text{葡萄糖}}{2C_6H_{12}O_6}$$

麦芽糖可用含淀粉较多的农产品，如大米、玉米、薯类等作为原料，在淀粉酶的作用下，发生水解反应而生成。通常食用的饴糖（如高粱饴），其主要成分就是麦芽糖。

三、淀粉　纤维素

淀粉和纤维素是最重要的多糖，它们的通式都是（$C_6H_{10}O_5$）$_n$，但分子中所含的单糖单元的数目 n 不同，两者的结构也不相同。

淀粉是绿色植物进行光合作用的产物，是人类的主要食物。淀粉主要存在于植物的种子及块状根部，如大米中约含 80%，小麦中约含 70%，马铃薯中约含 20% 等。

淀粉中含有几百个到几千个单糖单元，淀粉的相对分子质量很大，从几万到几十万，属于天然有机高分子化合物。

淀粉是白色、无气味、无味道的粉末状物质，不溶于冷水，也不溶于一般的有机溶剂，性质比较稳定。淀粉颗粒在热水中会膨胀破裂，有一部分淀粉溶解在水里，另一部分悬浮在水中，形成胶状淀粉糊，这一过程称为糊化。糊化是淀粉食品加热烹制时的基本变化，也就是食物由生到熟的过程。

淀粉是非还原性糖，但在催化剂（如酸）的作用下，经加热可以逐步水解，最终生成还原性单糖——葡萄糖：

$$\underset{\text{淀粉}}{(C_6H_{10}O_5)_n} + nH_2O \xrightarrow[\Delta]{\text{催化剂}} \underset{\text{葡萄糖}}{nC_6H_{12}O_6}$$

淀粉溶液遇碘单质显示蓝色，反应灵敏而且特效，化学上常用此法检验淀粉或碘单质。

淀粉除食用外，工业上用于生产糊精、麦芽糖、葡萄糖和酒精等。

纤维素是自然界中分布最广的一种多糖。它存在于一切植物体内，是构成植物细胞壁的主要成分。棉花、木材及大麻等，其主要成分都是纤维素。蔬菜中也含有较多的纤维素。

纤维素是一种复杂的多糖，它的分子中大约含有几千个单糖单元，相对分子质量约为几十万至几百万。纤维素也是一种天然有机高分子化合物。

纤维素是白色、无味的具有纤维状结构的物质，不溶于水，也不溶于一般的有机溶剂，性质比较稳定。

纤维素可以发生水解，但比淀粉要困难得多，一般要在浓酸中或用稀酸在一定压力下长时间加热进行，水解的最终产物为葡萄糖：

$$\underset{\text{纤维素}}{(C_6H_{10}O_5)_n} + nH_2O \xrightarrow[\triangle]{\text{催化剂}} \underset{\text{葡萄糖}}{nC_6H_{12}O_6}$$

纤维素的用途十分广泛，棉麻纤维大量用于纺织工业，一些富含纤维素的物质如木材、稻草、麦秆、芦苇和甘蔗渣等可用来造纸。此外，纤维素用来制造纤维素硝酸酯、纤维素乙酸酯和粘胶纤维。纤维素硝酸酯用于制无烟火药、喷漆和赛璐珞等；纤维素乙酸酯不易着火，可以用于制作电影胶片的片基以及眼镜的镜架；粘胶纤维可作为人造丝、人造棉和制玻璃纸。

阅读材料

第七营养素

不管是吃竹笋、甘蔗，还是吃其他的蔬菜、水果，总会有不少残渣。残渣的主要成分是纤维素，过去人们一直以为它是对人类毫无价值的废物，但是经过研究后人们发现，同其他六种营养素相比较，纤维素对人体的作用并不小。因此，在碳水化合物、脂肪、蛋白质、矿物质、水和维生素之后，将纤维素称为第七营养素。

人和大多数哺乳动物的体内都缺乏纤维素酶，不能够消化纤维素。但纤维素通过食物进入人体后，能够帮助及时带走人体内有害的东西。纤维素能够促进消化液的分泌，刺激肠道蠕动，将脂肪、胆固醇等“排挤”开，使小肠尽量少吸收脂肪和胆固醇。经常吃含纤维素多的食物，就会使大便通畅，对便秘、痔疮和糖尿病也有预防和治疗作用。国外报道，一位患糖尿病三年的老人，由于吃含丰富纤维素的食物，如谷物、豆类等水果蔬菜，过了半年，这位老人病情大大好转了。

科学家向人们提出忠告，如果经常吃豆科类植物，包括青豆、豌豆、小扁豆，以及土豆、玉米等蔬菜和水果，大量食用五谷杂粮，如麦类和保麸面粉等含纤维素的物质，对心脏病、肥胖症、慢性便秘、痔疮等有预防作用。不过，对于有肠胃溃疡的人，还是少吃纤维素食物为好。

课后练习

1. 选择题

（1）下列各组物质中，属于同分异构体的是（　　）。

A. 葡萄糖和蔗糖　　　　B. 蔗糖和麦芽糖

C. 淀粉和纤维素　　　　D. 粘胶纤维和火棉

（2）下列属于还原性糖的是（　　）。

A. 葡萄糖　　B. 蔗糖　　C. 淀粉　　D. 纤维素

（3）下列关于淀粉和纤维素的叙述，不正确的是（　　）。

A. 它们的通式都是（$C_6H_{10}O_5$）$_n$，互为同分异构体

B. 它们都是混合物

C. 它们都能够发生水解，且最终产物都是葡萄糖

D. 它们都是天然高分子化合物

2. 填空题

（1）葡萄糖能够发生银镜反应，说明葡萄糖具有______的性质，分子中含有__________官能团。

（2）在葡萄糖、蔗糖和麦芽糖中，不能够发生银镜反应的是_______________，在硫酸的催化作用下，不能够发生水解的是______________________。

3. 以淀粉为原料生产葡萄糖的水解过程中，用什么方法来检验淀粉已经开始水解？用什么方法检验淀粉已经水解完全？

*9.2 油　脂

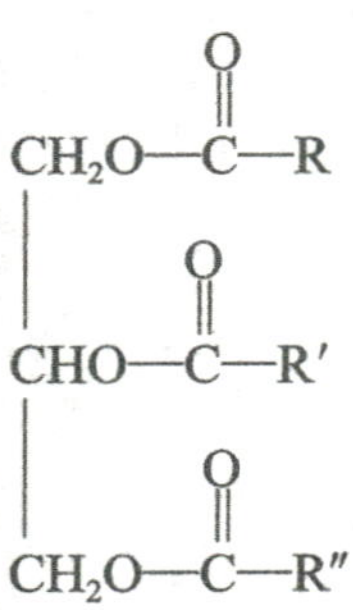

油脂是人类的主要食物之一，是人体健康所需的营养物质。“油脂”是油和脂肪的简称。它存在于动植物体内，常见的有麻油、花生油、菜籽油、大豆油、猪油、牛油等。一般把室温下呈液态的称为油，呈固态或半固态的称为脂肪。天然油脂中大多数是高级脂肪酸的甘油酯的混合物。油脂的结构可以如边栏所列方式表示。

其中R、R′、R″是含有奇数碳原子的直链烃基，可以相同，也可以不同；可以是饱和烃基，也可以是不饱和烃基。

油脂密度比水小，为0.9～0.95 g/cm^3。油脂不溶于水，易溶于有

机溶剂。由于油脂都是混合物，加热时先发生软化，温度逐渐升高，没有固定的熔点和沸点。

油脂具有酯的一般性质，如能够发生水解，也有一些特有的性质。

一、油脂的水解

油脂在酸性条件下，能够发生水解，生成甘油和相应的高级脂肪酸。这是工业上制取甘油和脂肪酸的主要方法。

油脂在碱性条件下的水解反应又称为皂化反应。工业上就是利用皂化反应来制取肥皂的：

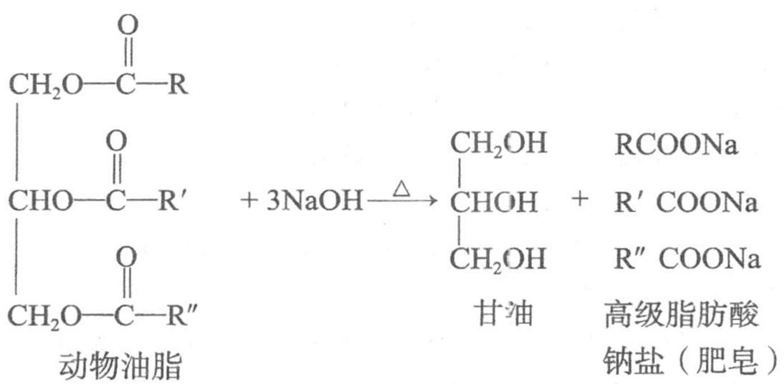

二、油脂的硬化

油脂中如果含有较多的不饱和脂肪酸，则以液态存在。液态油在有催化剂（金属镍）的作用下，在加热、加压时，可以和氢气发生加成反应，使油脂的饱和程度提高，得到固态的油脂。食品工业利用油脂硬化的原理来生产人造奶油。

三、油脂的干化

有些油脂涂成薄层后，能够很快结成薄膜，这种性质称为油脂的干化。如桐油由于不饱和程度大，油的干化程度也大，可用于木器的防腐处理。

四、油脂的酸败（氧化）

油脂长时间暴露在空气中会发生氧化作用或水解作用，而产生酸臭和“哈喇味”。这种现象称为油脂的酸败。受热、光照、水、空气、重金属离子以及微生物等因素，都会加快油脂的酸败。因此，存放油脂时要注意避光、干燥、低温，不能用金属容器储存。特别要注意的是，酸败的油脂不能食用。

油脂在工业上主要用于制造肥皂、护肤品和润滑油等。

阅读材料

组成油脂的常见高级脂肪酸

组成油脂的高级脂肪酸分为饱和脂肪酸和不饱和脂肪酸，一般为含有偶数碳原子的直链羧酸。主要有：

十四酸（豆蔻酸）$CH_3(CH_2)_{12}COOH$

十六酸（软脂酸）$CH_3(CH_2)_{14}COOH$

十八酸（硬脂酸）$CH_3(CH_2)_{16}COOH$

9-十八碳烯酸（油酸）

$$CH_3(CH_2)_7CH{=}CH(CH_2)_7COOH$$

9,12-十八碳二烯酸（亚油酸）

$$CH_3(CH_2)_4CH{=}CHCH_2CH{=}CH(CH_2)_7COOH$$

9,11,13-十八碳三烯酸（桐油酸）

$$CH_3(CH_2)_3CH{=}CHCH{=}CHCH{=}CH(CH_2)_7COOH$$

油脂的生理功能

油脂普遍存在于动植物体内的脂肪组织中，是动植物贮藏和供给能量的主要物质之一。油脂在生物体中承担着极为重要的生理功能，人体中的脂肪是一种维持生命活动的备用能源，一般成人体内贮存的脂肪占体重的10%～20%，当人摄取的食物较少时，食物的能量不足以供给机体消耗的能量，就要消耗体内的脂肪来满足机体的需要。这就是减少进食量，加大活动量会造成体重下降的原因。脂肪在人体内还有另外一些重要的作用，如溶解维生素、保护内脏器官免受震动和撞击以及御寒等，因此，进食一定量的油脂对于身体是有好处的。

课后练习

油脂是______和______的统称，在常温下呈液态的称为______，在常温下呈固态和半固态的称为________。要将液态油脂变成固态油脂，需要在________的作用下和________发生反应。

*9.3 蛋 白 质

蛋白质是生命的物质基础，生命是蛋白质的存在形式，没有蛋白质就没有生命。蛋白质是组成细胞的基本物质，存在于一切生物体内。从高等植物到低等微生物，从人类到最简单的生物病毒，都含有蛋白质。动物的皮肤、肌肉、毛发、蹄角等的主要成分都是蛋白质。生物所特有的生长、繁殖、运动、消化、分泌、免疫、遗传和变异等一切活动都与蛋白质密切相关。如酶是一种具有催化作用的蛋白质，激素是能够起调节作用的蛋白质，血红蛋白是输送氧气的蛋白质。而各种引起疾病的细菌、病毒，以及抵抗疾病的抗体等，都含有蛋白质。

蛋白质是构成人体的物质基础，约占人体除去水分后剩余质量的一半。许多植物，如花生、大豆、小麦、稻谷等的种子里也含有丰富的蛋白质。

一、蛋白质的组成

蛋白质是一类非常复杂的有机化合物，主要由碳、氢、氧、氮、硫等元素组成，在一些蛋白质中还含有微量的磷、铁、锰、锌和碘等元素。蛋白质的相对分子质量很大，从几万到几千万，因此，蛋白质属于天然有机高分子化合物。

蛋白质在酸、碱或酶的作用下能够发生水解，最终水解产物为 α—氨基酸（氨基$—NH_2$ 连接在与羧基—COOH 相连的碳原子上），下面是几种 α—氨基酸。

甘氨酸 $H_2N—CH_2COOH$ （中性氨基酸）

谷氨酸 $HOOC—(CH_2)_2—\underset{\displaystyle NH_2}{\underset{|}{CH}}—COOH$ （酸性氨基酸）

赖氨酸 $H_2N—(CH_2)_4—\underset{\displaystyle NH_2}{\underset{|}{CH}}—COOH$ （碱性氨基酸）

蛋白质可以看成是许多的 α—氨基酸通过肽键（$—\overset{\overset{\displaystyle O}{\|}}{C}—NH—$）连接而成的长链高分子，这种长链称为肽链，其结构如下：

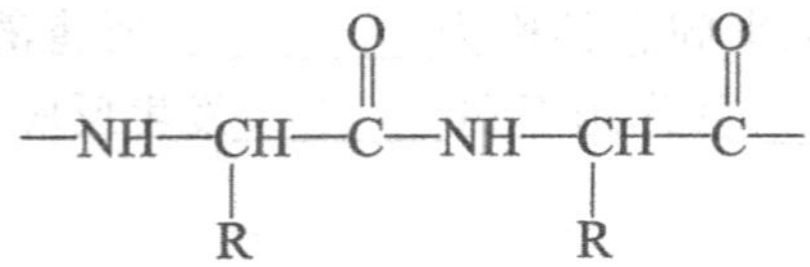

不同的蛋白质，分子中肽链的数目不同，氨基酸的排列顺序也不同，因此，它们的性质是千差万别的。

二、蛋白质的性质

蛋白质的性质相差较大，有的可以溶于水，如蛋清蛋白；有的难溶于水，如丝、毛等。蛋白质除了能够水解成氨基酸外，还具有如下性质。

1. 盐析——分离提纯蛋白质

少量的盐 [NaCl、Na_2SO_4、$(NH_4)_2SO_4$] 可以促进蛋白质的溶解，而在盐的浓溶液中，蛋白质会凝聚析出，称为盐析。盐析后的蛋白质还能够溶解在水中，不影响蛋白质的性质。因此，利用盐析可以分离、提纯蛋白质。

2. 变性

蛋白质在受到加热等一些作用时，会发生凝结，凝结后的蛋白质既不能溶于水，也失去了蛋白质的生理活性。能够使蛋白质发生变性的条件有加热、紫外线、X 射线、强酸、强碱、铅、铜、汞等重金属盐类、甲醛、酒精、苯甲酸等。

蛋白质的变性有很多实际的应用。

（1）杀菌消毒

医院里用酒精、高温蒸煮、紫外线等方法杀菌消毒；农业上用波尔多液（生石灰、硫酸铜和水的混合物）来消灭病虫害；生物实验室用福尔马林保存动物标本等。

（2）重金属解毒

当人误食重金属盐类时，可以喝大量的含有蛋白质的物质，如牛奶、蛋清、豆浆等，这里的蛋白质能够和重金属盐类形成不溶于水的化合物而排出体外，这样可以减轻重金属盐类对肠胃黏膜的危害，起到缓解毒性的作用。

（3）腌制松花蛋、加工豆制品

在食品加工中，腌制松花蛋、加工豆制品，就是利用蛋白质的变性。

（4）防止变性

根据蛋白质变性的因素，要注意防止有些条件的蛋白质的变性。

如保存种子时，要防止因变性而失去发芽能力；疫苗制剂、免疫血清等蛋白质产品在储存、运输和使用过程中也要注意防止变性；延缓和抑制蛋白质变性，是人类保持青春、防止衰老的一个有效的途径。

3．显色反应——蛋白质的检验

蛋白质遇到浓硝酸显黄色，叫作蛋白黄反应。在实验中，皮肤上沾上浓硝酸会变黄，就是这个缘故。蛋白质还能够与其他试剂发生显色反应，如与硫酸铜的碱性溶液显红紫色等。蛋白质的显色反应可用于检验蛋白质。

蛋白质在灼烧时，具有烧焦羽毛的臭味。

三、蛋白质的用途

蛋白质是人类必需的营养物质。成年人每天要摄取60～80 g的蛋白质，才能够满足生理需要，保证身体健康。人们从食物中摄取蛋白质，经过胃液中的胃蛋白酶和胰腺分泌的胰液中的胰蛋白酶作用下，经过水解生成氨基酸。氨基酸被人体吸收后，在体内被重新合成为人体所需的蛋白质。人体内各组织中的蛋白质也在不断分解，最后生成尿素排出体外。

动物的毛和蚕丝的成分都是蛋白质，它们是重要的纺织原料。动物的皮经过化学药物鞣制后，其中所含的蛋白质转变为不溶于水、不易腐烂的物质，可以加工成柔软坚韧的皮革。

将动物的皮、骨、蹄等经过熬煮提取出的蛋白质又称为动物胶或明胶，可以用作胶黏剂。无色透明的动物胶叫白明胶，可以用来制造照相胶卷和感光纸。阿胶是用驴皮熬制的胶，是一种药材，具有补血补气的功效。

酪素是从牛奶中凝结出来的蛋白质，是一种食品。酪素还能够跟甲醛合成酪素塑料，用来制造纽扣、梳子等生活用品。

由蛋白质组成的酶在实际中有着广泛的用途。

课后练习

1．选择题

（1）要想使蛋白质从水中析出，又不改变它的性质，应加入（　　）。

A．饱和的Na_2SO_4溶液　　B．浓硫酸

C．甲醛溶液　　D．$CuSO_4$溶液

（2）下列物质不属于天然高分子化合物的是（　　）。

A. 淀粉　B. 塑料　C. 蛋白质　D. 纤维素

2. 填空题

（1）淀粉、脂肪和蛋白质是三种重要的营养物质，这三种物质水解的最终产物分别是：淀粉→________，脂肪→________，蛋白质→________。

（2）淀粉溶液遇碘单质变成__________色，蛋白质遇浓硝酸变成__________色。

3. 哪些因素能够使蛋白质变性？误服重金属的盐后，如何解毒？

4. 3，4-苯并芘是一种强的致癌物质，人们从煤烟、沥青、香烟及烧焦的蛋白质、脂肪、糖类中都可以找到它。所以在生产和生活中应该注意什么？

阅读材料

弱不受补

世界上形形色色的生物体，从高等动物，到低级微生物都含有蛋白质，组成人体的毛、发、皮、甲以及血、肉、内脏等都含有蛋白质。人体每天必须摄入足够的蛋白质，才能维持正常的生理活动，否则就会体弱多病，过早衰老，缩短生命。

在人类的食物中，豆制品、瘦肉、鸡蛋、鱼、虾等都含有丰富的蛋白质，是很好的营养食品。但是，蛋白质并非吃得越多越好，特别是体弱多病的人，多吃高蛋白的甲鱼、海参、老母鸡等，反而不利于身体健康。

1945 年 6 月，一部分被纳粹关押在集中营的人获得了自由，受到盛宴款待。由于长久的牢狱生活，面对丰盛的酒菜，他们痛饮狂吃起来。但是，不少人却因此断送了生命。这是为什么呢？原来人们摄入的蛋白质在蛋白酶等消化酶的帮助下，分解成氨基酸，被送到身体的各个部分，合成新的蛋白质，将组织中的老蛋白质置换下来。老蛋白质则分解成氨基酸，但同时释放出一些有毒的氨，正常人的肝脏具有解毒功能，但是对于长期处于饥饿状态或者肝脏、肾脏、尿道患有疾病的人，摄入大量的蛋白质，使血液中的氨含量特别高，远远超过肝脏的解毒能力，就会出现中毒症状。氨随血液进入大脑，引起脑组织缺乏能量，轻则昏迷、重则死亡。

脂肪和糖吃多了可以在体内贮存起来，但蛋白质却不能。过多的蛋白质必须转变为氨基酸，必然有有害物质生成，将不利于身体健康。

食品添加剂

市场上销售的食品在制作过程中，为了改善食品的色、香、味，延长食品的保存期限，增加食品的营养成分，而在食品中加入一类化学合成或天然的物质，这类物质叫作**食品添加剂**。

食品添加剂主要有食品色素、食用香精、甜味剂、鲜味剂、防腐剂、抗氧化剂和营养强化剂等（表9-2）。下表列出一些常见的食品添加剂的功能和种类。

表9-2　常见的食品添加剂

类别	功能	品种
食用色素	调节食品的颜色，改善食品外观	胡萝卜素、番茄红素、胭脂红酸、苋菜红、靛蓝、姜黄色素、叶绿素、柠檬黄
食用香料	提高食品香味，改善嗅觉	花椒、茴香、桂皮、丁香油、柠檬油、水果香精
甜味素	增加食品甜味，改善口感	糖精、木糖醇（糖尿病人专用食品）
鲜味剂	提升食品鲜度，引起食欲	味精（谷氨酸钠）、鸡精
防腐剂	抑制细菌繁殖，防止食物腐败	苯甲酸及苯甲酸钠、山梨酸及山梨酸钾、丙酸钙
抗氧化剂	阻止氧气使食物氧化变质	维生素C、E，丁基羟基茴香醚
营养强化剂	补充食物中缺乏的营养元素或微量元素	加碘食盐、粮食制品中添加赖氨酸，食品中添加维生素及钙、铁、锌、硒、锗等微量元素

在规定的范围内，合理使用食品添加剂，一般认为对人体是无害的。但是如果违反规定，将不能作为食品添加剂的物质添加到食品中，或超量滥用食品添加剂，均会损害人体健康。

如用不能食用的色素给食品染色或配制饮料，用双氧水对水发产品漂白，用甲醛溶液浸泡水发产品或豆制品延长保存期，食品中大量使用糖精增加甜度，腌制肉类时超量使用亚硝酸钠增加红色和香味等。这些物质在人体内聚积，有的会引起慢性中毒，有的会诱发癌变。

特别要注意的是，儿童由于肠胃及肝肾功能发育不完全，加之儿童的辨别能力差，更易受到食品的色、香、味的诱惑。如果儿童食品违规使用添加剂，儿童食用后由于不能及时分解和排泄，残留在体内，其危害性更大。

*9.4 有机合成高分子材料

前面我们学过无机非金属材料和金属材料，在材料家族中，还有一类非常重要的有机高分子材料。有机高分子材料按材料的来源可以分为天然高分子材料和合成高分子材料。如棉花、羊毛和天然橡胶等都属于天然高分子材料，而日常生活中使用和接触到的塑料、合成纤维、黏合剂、涂料等都是合成高分子材料。从人们的衣、食、住、行到现代化的工业、农业、国防、科技、交通、医疗、环境、能源等各方面合成材料都得到广泛的应用，并且用途超过了天然高分子材料。近年来因特殊需要而发展起来的新型有机高分子材料，大大扩展了合成材料的应用范围。可以说，人类正进入一个合成材料的时代。

一、传统合成材料

合成材料的品种很多，塑料、合成纤维、合成橡胶就是我们通常所说的三大合成材料，近年来发展起来的黏合剂、涂料等也属于合成材料的范畴。

1. 塑料

塑料是指在一定的温度和压力下可塑制成型的合成高分子材料。工业上以合成树脂为基本原料，加上适量的添加剂和填充料以改善某些性能，在一定的温度和压力下加工处理可获得各种塑料制品。

塑料品种很多。从受热时所表现的性能看，有些塑料具有热塑性，可以反复加工，多次使用；有些塑料具有热固性，一旦加工成型，就不会受热熔化。从塑料的用途看，塑料又可以分为通用塑料、工程塑料、增强塑料和特种塑料。表 9-3、表 9-4 列出了常见塑料的分类、品种、代号、性能和用途。

表 9-3　　常见塑料的分类

分类	热塑性塑料		热固性塑料（增强塑料）	
	品种	代号	品种	代号
通用塑料	聚乙烯	PE	酚醛树脂	PF
	聚氯乙烯	PVC		
	聚丙烯	PP	脲醛树脂	UF
	聚苯乙烯	PS		
特种塑料	氟塑料	F4	有机硅树脂	SI
	聚酰亚胺	PI	环氧树脂	EP
工程塑料	聚甲醛	POM		
	聚碳酸酯	PC		
	聚酰胺	尼龙		
	ABS 塑料			
	聚砜			
	聚苯醚			
其他	有机玻璃	PMMA	不饱和聚酯	UP
			聚氨酯	
			DAP 树脂	

表 9-4　　几种常见塑料的性能和用途

名　称	性　能	用　途
聚乙烯	耐寒、耐化学腐蚀、电绝缘性好、无毒。耐热性差、容易老化、不宜接触汽油、煤油，制品不宜长时间存放食油、饮料	制成薄膜，作为食品、药物的包装材料；制成日用品、管道、绝缘材料、辐射保护衣
聚氯乙烯	耐有机溶剂、耐化学腐蚀、电绝缘性能好、抗水性好。热稳定性差、遇冷变硬、透气性差、制成的薄膜不能用来包装食品	硬聚氯乙烯：作管道、绝缘材料 软聚氯乙烯：制薄膜、电缆外皮、软管、日用品 聚氯乙烯泡沫：建筑材料、日常用品

续表

名　称	性　能	用　途
聚丙烯	机械强度好、电绝缘性好、耐化学腐蚀、质轻、无毒。耐油性差、低温发脆、容易老化	制薄膜、日用品、管道、包装材料
聚苯乙烯	电绝缘性好、透光性好、耐水、耐化学腐蚀、无毒。常温下硬、脆，温度较高时变软，耐溶剂性差	制高频绝缘材料，电视、雷达部件，医疗卫生用具，还可制成泡沫塑料用于防震、防湿、隔音、包装材料等
聚四氟乙烯	耐低温、高温、耐化学腐蚀、耐溶剂性好、电绝缘性好。加工困难	制电气、航空、化学、医药、冷冻等工业的耐腐蚀、耐高温、耐低温制品
酚醛塑料	绝缘性好、耐热、抗水	制电工器材、汽车部件、涂料、日常用品，用玻璃纤维增强的酚醛塑料可用于航空航天领域
聚甲基丙烯酸甲酯（有机玻璃）	透光性能好、质轻、耐水、耐酸碱、抗霉变、易加工。耐磨性差、溶于有机溶剂	制飞机、汽车用玻璃、光学仪器、医疗器械、日常用品
环氧树脂	高度黏合力、加工工艺性好、耐化学腐蚀、机械强度高、电绝缘性好、耐热性好	用作黏合剂、作层压材料、机械零件，与玻璃纤维复合制成的增强塑料用于航空航天等领域

2. 合成纤维

纤维可分为天然纤维和化学纤维两大类。化学纤维又可以分为人造纤维和合成纤维。用木材、草类的纤维经化学处理制成的黏胶纤维属于人造纤维；利用石油、天然气、煤和农副产品作原料制成的是合成纤维。在合成纤维中，涤纶、锦纶、腈纶、丙纶、维纶和氯纶被称为“六大纶”。近年来还出现某些具有特殊性能的特种合成纤维，如芳纶纤维、碳纤维、耐辐射纤维、光导纤维和防火纤维等。表 9–5 列出了几种主要合成纤维的性能和用途。

表 9–5　几种主要合成纤维的性能和用途

名称	商品名	性　能	用　途
聚己内酰胺	锦纶	比棉花轻，强度高，弹性、耐磨性、耐碱性和染色性都好。耐光性差，不能长期暴晒，保型性、吸水性差	制绳索、渔网、轮胎帘子线、降落伞以及衣料织品、袜子等
聚丙烯腈	腈纶（人造羊毛）	比羊毛轻而结实，保暖性、耐光性、弹性都好 不容易染色，不耐碱	制衣料织品、毛毯、工业用布、滤布、幕布等
聚对苯二甲酸乙二醇酯	涤纶（的确良）	易洗、易干、保型性好、抗折皱性强，耐碱、耐磨、耐氧化。不耐浓碱，染色性较差	制衣料织品、电绝缘材料、渔网绳索、运输带、人造血管、轮胎帘子线
聚氯乙烯	氯纶	保暖性、耐腐蚀性、电绝缘性好 耐热性、耐光性、染色性差	制针织品、工作服、绒线、毛毯棉絮、渔网、滤布、帆布和电绝缘材料
聚丙烯	丙纶	机械强度高、耐磨性、耐化学腐蚀性、电绝缘性好 耐光性、染色性差	制降落伞、绳索、滤布、网具、工作服、帆布、地毯等
聚乙烯醇缩甲醛	维尼纶（人造棉）	柔软，吸湿性和棉花相似，耐光性、耐磨性和保暖性好 耐热水性、染色性差	制衣料、窗帘、滤布、炮衣、桌布、粮食带等

3. 合成橡胶

橡胶按原料来源可分为天然橡胶和合成橡胶两种。天然橡胶是由橡胶树或橡胶草中的胶乳经过加工而制得的。合成橡胶是以石油、天然气或煤为原料生产出二烯烃或烯烃为原料制得的高分子。

合成橡胶一般在性能上不如天然橡胶全面，但在某些性能上比天然橡胶好。常用的合成橡胶有丁苯橡胶、顺丁橡胶、氯丁橡胶等（表 9–6）。它们是通用橡胶。特种橡胶有耐油性的聚硫橡胶、耐高温和耐严寒的硅橡胶等。

表 9-6　常见合成橡胶的性能和用途

名称	性能	用途
丁苯橡胶	热稳定性、电绝缘性、抗老化性好	制轮胎、电绝缘材料、一般橡胶制品
异戊橡胶	和天然橡胶相似、黏结性良好	制汽车轮胎、各种橡胶制品
氯丁橡胶	耐油性好、耐磨、耐酸碱、耐老化、不燃烧。弹性和耐寒性较差	制电线包皮、运输带、化工设备的防腐蚀衬里、防毒面具、胶黏剂等
丁腈橡胶	耐油性和抗老化性好，耐高温。弹性和耐寒性较差	制耐油、耐热的橡胶制品，飞机油箱衬里等
硅橡胶	耐低温（173 K）和高温（573 K），抗老化和抗臭氧性好，电绝缘性好。机械性能差，耐化学腐蚀性差	制绝缘材料、医疗器械、人造关节以及各种在高温、低温下使用的衬里等

二、新型高分子材料

能源、信息和材料并称为新科技革命的三大支柱，而材料又是能源和信息发展的物质基础。高分子材料包括塑料、橡胶、纤维、薄膜、胶粘剂和涂料等。其中，被称为现代高分子三大合成材料的合成塑料、合成纤维和合成橡胶已经成为国民经济建设与人民日常生活所必不可少的重要材料。尽管高分子材料因普遍具有许多金属和无机材料所无法取代的优越性能而获得迅速的发展，但已大规模生产的还是只能在寻常条件下使用的高分子物质，即所谓的通用高分子。

在传统材料的基础上，人们不断地开发、研究着性能更优异、应用更广泛的新型材料，来满足计算机、光导纤维、激光、生物工程、海洋工程、空间工业和机械工业等尖端技术发展的需要。出现了具有光、电、磁、化学、生物、医学等特殊功能的高分子材料，这些材料称为功能高分子材料。功能高分子材料可以分为高分子吸附剂、高分子膜、医用高分子、超导高分子、光致变色高分子等。

1. 高分子吸附剂

市场上销售的“尿不湿”纸尿布，就是用高吸水性高分子做成的。高吸水性高分子可以吸附比自身重几百甚至上千倍的水分，体积虽然发生膨胀，却挤压不出水来。高吸水性高分子可以作为保鲜包装材料和人造皮肤的材料。

2. 高分子分离膜

高分子分离膜是用具有特殊分离功能的高分子材料制成的薄膜。

它的特点是能够有选择地让某些物质通过，而把另外一些物质分离掉。

高分子分离膜广泛用于生活污水、工业废水等废液处理以及回收废液中的有用成分。在海水和苦咸水淡化方面已经实现工业化生产。在食品工业可用于浓缩天然果汁、乳制品加工以及酿酒等，分离时不需要加热，还可以保持食品的原有风味。

3. 医用高分子

在医学上，人们一直想用人工器官来代替病变的器官，但是材料问题难以解决。合成高分子材料以其优异的生物相容性，较少受到排斥，可以满足人工器官对材料的苛刻要求。

以人造心脏来说，要求材料与血液能够很好地相容，不能引起血液凝固、破坏血小板，要有较高的机械性能。试想，心脏每分钟跳动75次左右，十年人工心脏就得反复挠曲4亿次，这样高的要求，一般材料是难以胜任的。目前大都使用硅聚合物和聚氨酯等高分子材料。随着医用高分子材料的发展，除脑、胃及部分内分泌器官外，人体中几乎所有的器官都可以用高分子材料来制造。

随着社会的发展，单一材料已经不能够满足某些尖端科技领域发展的要求，为此，人们研制出各种新型复合材料。复合材料是指两种或两种以上材料组合成的一种新型的材料，其中一种材料作为基体，另一种材料作为增强剂。例如，玻璃纤维与树脂组合成的复合材料——玻璃钢，质轻而坚硬，机械强度可与钢相比，可做船体、汽车车身以及印刷电路板等。

复合材料可以发挥每一种材料的长处，克服其短处，具有强度高、质量小、耐高温、耐腐蚀等优异的性能。因此，复合材料在航天航空工业中得到有效的应用。尤其是复合材料质量轻的特点，对于导弹、火箭、人造卫星、宇宙飞船来说是非常重要的——有的导弹质量每减少1 kg，射程就可以增加几千米。因此，复合材料可作为理想的材料，成为宇宙航空业发展的关键所在。

课后练习

1. 仔细观察周围的各种物体所用材料，举例说明哪些使用的是金属材料，哪些使用的是无机非金属材料，哪些使用的是有机高分子材料。

2. 调查了解你的周围哪些地方会产生合成材料废弃物。根据你所学的知识，提出解决“白色污染”的有效方法。

阅读材料

白色污染

合成高分子材料的应用与发展，极大地改善和方便了人们的生活，同时，合成材料废物的急剧增加，却给我们带来了严重的环境污染。一些塑料制品所带来的白色污染尤为严重。

白色污染主要来源于以下几个方面：一是广大农村广泛采用地膜覆盖技术，用以保持土壤的水分和养分，对提高农作物产量起到很大的作用。但是由于对废弃膜缺乏有效的回收措施，使得废弃膜残留在土壤中，逐年积累却难以分解，阻碍了农作物对于水分和养分的吸收，对农业生产造成危害。二是一次性塑料袋和发泡塑料快餐盒的大量使用，使得城市垃圾中塑料的含量逐年升高。一般城市对于垃圾采用填埋法进行处理，但是，混在垃圾中的塑料埋在土里经久不坏，长期下去，必将破坏土壤结构，降低土壤肥效，污染地下水源；如果采用焚烧废弃塑料垃圾，含氯塑料会造成严重的环境污染。废弃塑料对于海洋的污染已经成为国际性问题，向海洋倾倒的塑料垃圾直接危害海洋生物的生存，对于海洋运输也造成危害。废弃的渔网等缠绕在海轮的螺旋桨上，使得海难事故也经常发生。

如何治理白色污染已经迫切地摆在人们面前，科技人员从改进塑料的配方和生产工艺入手研制成功了一些易分解的新型塑料，如淀粉塑料、水溶塑料、光解塑料等，这些塑料在一定条件下，经过一段时间会降解为简单物质或被微生物分解。目前可降解塑料主要分为生物降解塑料、化学降解塑料、光照降解塑料等。当然，由于生产成本等因素，大规模使用可降解塑料还需要一段相当长的时间。

目前，治理“白色污染”的有效途径还是应该从减少使用和加强回收开始，世界上很多国家都要求做到废塑料的减量化、再利用、再循环。我国一直高度重视塑料垃圾对环境的影响，早在2008年6月，就开始明令推动“限塑”，通过提高使用成本的方式减少塑料制品使用量。党的十八大以来，我国从生态文明建设和高质量发展要求出发，进一步加强白色污染治理。数据显示，我国塑料袋使用量年均增速稳步下降，2008年至2016年，超市、商场的塑料购物袋使用量普遍减少2/3以上，累计减少塑料购物袋140万吨左右，相当于减排二氧化碳近3 000万吨。我国每年回收利用各类塑料近1 900万吨，在提供优质工业原料的同时，与使用原生资源相比，可减少约45%的污水排放和60%~70%的能耗。2020年4月，《中华人民共和国固体废弃物污染环境防治法》时隔15年迎来大修，从法律层面健全生活垃圾污染环境的防治制度，推行生活垃圾分类制度，并进一步完善了废弃农用薄膜、塑料袋等一次性塑料制品的管理制度。2021年9月国家印发了《"十四五"塑料污染治理行动方案》，从推动塑料生产和使用源头减量，推进塑料废弃物规范回收利用和处置，开展重点区域塑料垃圾清理整治等方面治理白色污染。"消除白色污染，倡导绿色消费"，减少各个领域一次性塑料用品的使用，生活垃圾分类回收等已经成为我国许多城市共同的行动。

治理白色污染是每个公民的责任，减少和最终消除白色污染，建立既满足当代人需要，又不威胁子孙后代和不污染环境的绿色文明，实行可持续发展战略，是我们唯一的选择。

[illegible]业污染的同时，[illegible]使用[illegible]，可[illegible]40%[illegible]农
[illegible]80%、70%[illegible]。2020年4月，[illegible]
[illegible]快递[illegible]，从源头[illegible]
[illegible]的污染程度[illegible]
[illegible]一次性塑料[illegible]。2021年[illegible]了
《"十四五"塑料污染治理行动方案》，对推动塑料[illegible]
费[illegible]回收利用和处置[illegible]重点[illegible]
[illegible]治理向全链条[illegible]，[illegible]减少
[illegible]个领域一次性塑料制品的使用[illegible]
[illegible]实的行动。

治理白色污染是一个长期的过程，[illegible]白色污染，是
[illegible]人[illegible]，又不[illegible]文明
[illegible]，是我们每一个人[illegible]。